「フーディー」が日本を再生する!

ニッポン美食立国論

時代はガストロノミーツーリズム

日本ガストロノミー協会会長
柏原光太郎 Kotaro Kashiwabara

発行:日刊現代　発売:講談社

まえがき

湯布院《ゆふいん》、富士山麓、糸魚川《いといがわ》、宇奈月温泉《うなづきおんせん》、永平寺町《えいへいじちょう》、敦賀、軽井沢、那須、長崎……この1年間だけでも多くのレストランやオーベルジュ、ホテルの建設計画が耳に入ってきています。しかも、そこに関わっているのは30代を中心とした若者たちである場合がとても多いのです。「最近の日本の若者は覇気がない」とよくいわれますが、私の周囲にいる「食」に関係する若い人々はみな、目を輝かせて働いています。

いまや日本のシェフは世界から、日本文化を代表するアーティストとして考えられています。世界の食いしん坊たちが、寿司や天ぷら、ステーキだけでなく、焼鳥やラーメンに至るまで、日本人シェフの作った料理を食べたいと日本に押し寄せてきています。

そして若いシェフたちも、お客様の目の前で料理を作るだけではなく、レストランやオーベルジュをプロデュースしたり、商品を企画したりなど、大局的な観点から「食」を産業として研究するようになっています。

数年後にオーベルジュを作るため奔走している若いシェフは、こう話してくれました。

「素晴らしい絶景で、ここを発見してしまったからにはやるしかないと思いました。たしかに交通は不便です。だからこそ、わざわざ僕の料理を食べに来ていただける場所にしたいのです」

長年、「食」メディアに関わってきた私が、この本を著そうと思った目的はこれに尽きます。そこに食べに行くだけのために訪れたい、素晴らしいレストランがこの数年、そして今後も続々とできてくる予感をひしひしと感じているからです。彼らの熱い思いをしっかりと受け止め、日本を美食で誇れる国にしたいと私は思います。

こうした流れを受けて、行政も動き出しました。「ガストロノミーツーリズムで地方を活性化したい」と考える地方自治体が続々と出てきて、視察も活発に動き出しています。

2023年3月には観光庁が、インバウンド富裕層の積極的な誘客に向け、集中的な支援等を行うモデル観光地11地域を選定しました。選定されたモデル観光地はどこも、発展可能性を秘めた場だと私も思います。

地方だけではなく、大都市も「食」に注目をしています。小池百合子都知事は、2030年までに東京を世界一の美食の都市にすると宣言し、その象徴として毎年5月に有明地区で大規模な美食フェスティバル「Tokyo Tokyo Delicious Museum」を行うこととしています。2024年には「辻調理師専門学校」が東京学芸大学キャンパス内に開校。連携協定を締結し、「食と環境」をテーマに教育研究を行うことになりました。バスクの料理大学のような発展が期待されます。

大阪は2025年の万国博覧会で、日本の食文化のアピールも兼ねて、8つのテーマ事業のひとつに「食べる」を選びました。

このように若いシェフも行政も動き出したいまこそ、食を日本が観光立国になるための中心に置く絶好の時期だと思います。

しかし、地方自治体の観光政策を見ていると、その手法はいまだに旧態依然としたところが多いと言わざるを得ません。せっかく多額の予算を割いているのに、県全体に満遍なく使ったり、古くからある名物をPRしようと何度も同じ施策を行ったりしている例がまだまだあります。

そこを転換させ、可能性の高い、新しく斬新なものに集中的に知見を投下し、そこからトリクルダウン的に地方を発展させていこうというのがこの本の目的です。

本の内容を考え、取材をはじめたのは数年前ですが、私が美食で立国できる可能性を考えている地域はほとんど今回、観光庁が選定したモデル観光地と重なります。

機は熟したということです。

2023年5月

柏原光太郎

目次

本文中写真／著者撮影

第 I 部

Who is
Foodie ?

フーディーの
時代

プロローグ　企業城下町の寿司屋

福岡県北九州市戸畑区は、日本製鉄八幡製鐵所が区の面積の約半分を占める企業城下町。1921年に八幡製鐵所が戸畑に進出したことで工業化が進み、住宅地としての開発が急速に進みました。1963年には人口がピークの約11万人となりましたが、現在は6万人を切る都市です。

その戸畑区にある「照寿司」は、創業58年の寿司屋。創業時から日本製鉄の社用によく使われ、日本の高度経済とともに成長したことで、4階建てのビルを建てられるほどになりましたが、出前も普通に行い、カウンターよりも宴会中心。飲み放題が付いて5000円だったといいます。

ところが、2013年に28歳で父親のあとを継いで3代目になった渡邉貴義さんは、九州中をまわって取り扱う魚の質を上げ、創作寿司を志向。江戸前にこだわらない極上の寿司を提供しようと決意、不断の努力をしました。

はじめは閑古鳥が鳴き、カウンターには誰もいない日が続いたと聞きますが、その後名物になる「鰻バーガー」を開発したり、蝶ネクタイ姿でにらむ姿がInstagram（インスタグラム）でバズりだし、世界中で話題になった結果、いまやカウンター8席で1人3万円以上のコース目当てに海外からひっきりなしに客が来る寿司屋へと変身したのです。

２０１９年7月には「ニューヨーク・タイムズ」に、目力の強い表情で相手をにらみながら手に乗せた握りを差し出す渡邉氏を載せた全面広告が登場し、その年の8月にはニューヨークでイベントを開催。10月はタイ、12月に再びニューヨークで握るなど、照寿司は世界で一番有名な寿司屋になっているのです。

２０２２年12月31日のfacebook（フェイスブック）に、渡邉さんはこう書いています。

〈12月はサウジアラビアポップアップとTERUZUSHI TOKYOで戸畑本店の営業が10日だけでした！　にも関わらず売り上げは75％をキープ出来たのにはビックリ。後半の5日は60％の外国からのゲスト！

世界中から来てる！　戸畑区に！

東京とは訳が違う！

この5日間でフィリピン、アメリカ2組、香港5組、中国3組、タイ3組、台湾3組、サウジアラビア！　マジ本気で何かが違う！〉

私は２０１７年に照寿司を訪れていますが、私が行った時期は、照寿司の素晴らしさに気づいた食いしん坊の友人が周囲に拡散し、それを知った一部の人々たちがようやく訪れはじめた段階でした。

それがいまや、世界中から照寿司を味わうためだけに、観光などほとんどない戸畑区に外国人がやってくるようになったのです。

いまでこそ、握りを手に乗せて差し出す渡邉さんの目力あふれる写真がインスタ映えするとして有名になっていますが、私が訪れるちょっと前までは、普通に眼鏡をかけて握る普通の職人だったそうです。

彼の職人としての技術、九州中をまわって一流の食材を発掘する苦労があってのことですが、眼鏡を取ることがブレイクにつながったという話も興味深い思いで聞きました。

渡邉さんはさきほどの投稿に、続けてこのように書いています。

〈2023年はスペイン Madrid fusion とトルコの gastoromasa の2大料理学会に招聘されるという快挙！（自分で言うな笑）日本人でこの2つの招待を受けたのは自分と成澤シェフだけ！

11月の gastoromasa はなんと成澤シェフといって来ます。

イタリア・ナポリの話も大詰めを迎えています
それから夏頃に住所非公開の新店舗をオープンします！

そんなこんなで今年の営業も31日でおわります
1／1から1／3までおやすみして家族サービスしてきますっ
今年も大変お世話になりました！

また来年も懲りずによろしくおねがいいたします〉

文中の成澤シェフとは、「世界のベストレストラン50」で、日本のレストランとして２００９年にはじめてランクインした「NARISAWA（ナリサワ）」のオーナーシェフ、成澤由浩さんのこと。

そして、年が明けた２０２３年。彼はこう書きました。

〈選択と集中！

やるかやらないか！

面白いビジネスができそうな予感です。

寿司を通じて日本文化を含めたパッケージを海外に輸出する！

7年前、ちょっと海外からゲストが食べに来ただけで調子に乗って「戸畑から世界へ」とイキってた自分と話したい！　お前やったなって笑
世界中からお声がかかるけど
やりたくない事はやらないようにしています！

だって戸畑が好きだもん！

今月も20日からスペインのマドリードで開催される世界料理学会で講演してきます！

行ったばかりのサウジアラビアを含めアメリカラスベガス、シンガポール、中国、台湾、メキシコ、イタリア・ナポリ２０２３年のうちに全て終わるのか？

照寿司では海外戦略スタッフ、海外オペレーター

海外大将候補を募集しております！
優秀なネゴシエーターは居ますので今回は募集しておりません！
まだ！　照寿司の海外進出はスタートラインに立ったばかりです、一緒に世界制覇を目論む仲間を
募集しております。
よろしくおねがいいたします！〉（２０２３年1月5日）
〈日本人シェフが初めて主役級に扱われた話
Madrid fusion2023
フランスやエクアドルからも取材をうけました！
リリースされ次第にアップしていきます。
会場の雰囲気を映像から感じてください
立ち見も出るほどに満席でした
北九州市も食の街、寿司の街として世界に発信出来たらと思っています！
是非おねがいします！　新市長の武内さん！
よろしくお願いいたします〉（２０２３年2月17日）
　こういういい方は失礼ですが、ほんの数年前までは地方の普通の寿司屋の3代目店主が、自分の
腕前と努力ときっかけをつかんで世界に認められ、有名シェフと一緒にイベントに登場するように

なったばかりか、世界中から食いしん坊の富裕層を呼び寄せているのです。サウジアラビアに支店ができることも決まりました。

拓かれたガストロノミーツーリズムへの道

詳しくは後述しますが、日本政府は外国人旅行者の日本への誘導を本格化させようと、2009年に「2020年までにインバウンド（訪日外国人数）2000万人」を目標にしました。

しかし、2016年には早くもインバウンド数が2000万人を超えたため、あらためて「2020年の東京オリンピックまで4000万人、2030年6000万人」と上方修正しました。実際、2018年には3000万人を超えており、コロナさえなければ2019年には4000万人は超えていただろうといわれています。

つまり、世界のインバウンドにとって、日本はそれくらい魅力的な国であり、2023年はまさにそれを推進する年と政府は考えているのです。

というのも、2023年2月1日付で、国土交通省観光庁は、「地域一体型ガストロノミーツーリズムの推進事業に係る調査業務」の入札を発表しました。

業務概要には、こうあります。

(1)　業務名　地域一体型ガストロノミーツーリズムの推進事業に係る調査業務

(2) 業務内容　本事業は、訪日外国人旅行者の急速な回復の中で、食関連の単価向上を通じた消費拡大の機会が生じていることから、地域一体となってガストロノミーツーリズムに取り組む、観光地域づくり法人（DMO）を中心とし、自治体、農業、漁業、飲食業、宿泊業等の様々な関係団体等で構成された地域を支援することで、地域全体への観光の経済波及効果を最大化する調査研究である。

(3) また、事業実施にあたって、地産地消の為のメニュー・コンテンツ、食体験造成等のための食に関するコンサルタント、コーディネーター等の食の専門家を派遣し、取組に対しアドバイスや磨き上げ等を実施することで、地域一体となってガストロノミーツーリズムに取り組むとともに、課題の把握や今後必要な対策の検討を行う。

役所の文章なのでむずかしいことが書いてありますが、要は今後インバウンドが急速に復活すると予想される中で、国が率先してガストロノミーツーリズム、つまり食を中心としたツーリズムによって地方を活性化したい。そのためにはまず、ガストロノミーツーリズムに取り組む地域を選定して、さまざまな調査を行いたいということです。

「観光立国こそが日本の目指す道だ」とこの十年来いわれていますが、観光立国や地域創生を「食」を使って行うことを宣言したわけです。2023年、つまり今年は食にかかわる日本中の人々にとって、「食」で日本を豊かにするためのメルクマールの年になったといえるでしょう。

キーワードは「フーディー」

「日本は貧しくなった」という議論があります。この30年間、世界中の所得は増えていきましたが、日本はまったく増加していないというのが根拠で、よくいわれるのがイギリス「エコノミスト」が発表するビッグマック指数といわれるものです。ご存じのように、ビッグマックはマクドナルドが販売するパティが2枚入った大型ハンバーガーですが、世界中のマクドナルドにあります。そしてビッグマックの価格はその国の平均所得にほぼ連動しています。というのも、ビッグマックの価格はその国の原材料費や光熱費、賃金など、さまざまな要因をもとに単価が決定されるからです。そのため、各国の経済力の比較に使いやすいといわれているのです。

日本のビッグマックは現在、アメリカの3分の2の価格で、イギリスはもちろん、タイや韓国よりも安い状況です。日本人はそれについて、「インフレがなくてよかった」といいますが、それはただ単に相対的に貧しくなっただけではないか、という論法です。

しかし、照寿司の例でわかるように、食の世界で成功すれば、どんな地方にあっても世界中から訪れ、世界中からイベントのオファーが来ます。そして世界中から「支店を作れないか。コーディネートしてくれないか」と相談される。つまり食の世界はいまや、「世界標準」で稼ぐことができる可能性を秘めているのです。

先日、アメリカのスキーリゾートで日本料理店を開きたいというアメリカ人オーナーから、「日本料理人を探しているが、誰かいないだろうか」という相談を受けました。

スキーリゾートなので忙しいのはほぼ半年間、残りの半年は仕事をしながら釣りや狩猟なども楽しめる余裕がある。それでいて給料は最低でも1000万円程度は保証できるというのです。

一概には比較できないものの、いまの料理人の給料を考えれば、日本にいた場合の倍以上の相場でしょう。

そこに応募して渡米した料理人と先日話しましたが、

「リタイアしたアメリカ人の富裕層の別荘地帯だからチップの額もすごくて、稼ぐにも暮らすにも、素晴らしい環境の場所です」

と、嬉しそうに語ってくれました。

2022年には、テレビのワイドショーで、日本では年収300万円だったのにアメリカに渡ったら年収8000万円になった寿司職人の話題がありました。

私はネットニュースの後追いで知ったのですが、アメリカのビーチリゾート・マイアミで成功を収めた寿司職人の田中康博さん（37）がご当人。彼は27歳から銀座の寿司店で修業し、当時の年収は300万円でしたが、一念発起して渡米してからは、わずか7年で年収が8000万円になったというのです（「羽鳥慎一 モーニングショー」2022年10月20日放送分より）。

元参議院議員でいまはシンガポールで投資家として活躍する田村耕太郎（こうたろう）さんは2021年12月26日のフェイスブックの投稿で、こんなことを書いています。

〈日本でしか通用しない妙な起業家になるくらいなら、一流の寿司、ラーメンなどのシェフ、パティシエやバーデンターになったほうが世界で活躍できる。

私がアメリカ滞在中にユニコーン起業家やキャピタリスト等から最も依頼を受けた案件は、「一流の寿司、ラーメンのシェフを紹介してくれないか？　パトロンになりたい」というもの。日本のお金やデータサイエンティスト、エンジニア、科学者、日本のスタートアップとの連携が欲しいという依頼は一件もなかったのに。

彼ら超々富裕層の造りたい店で働けたら、もちろんビザも出るし、待遇も半端ないし、やりようによってはいろんな意味で大成功するかもしれない。顧客リストも彼らの友人中心なので半端ない。〉

実際、2022年後半から2023年にかけて、日本ではコロナとの共存が一番の目標になっています。コロナの分類が5類に引き下げられることが決まり、マスクの着用基準も緩和されました。

それにともない、飲食産業も少しずつ動きはじめています。私の周囲でも、新しい飲食店計画や、いったん止まっていたオーベルジュ計画、地方の駅前再開発が動き出したり、都心で高級レストランを誘致する商業ビルの建設がはじまったりしています。実際、都内のある高級商業ビルの2022年12月の売上は、約20年前の竣工以来、過去最高を記録したと聞いています。

どれもかなりの資金が必要なビジネスですが、日本の食の未来に可能性を認めていると思っているからこそ、チャレンジしているわけです。

これがいまの日本の「食」の力だと私は思います。

さきほどから私は、「食いしん坊」という言葉を何度も使いましたが、ここ数年、美味しいものを求めて世界中を旅する人のことを「フーディー」と呼びます。

フーディーの成り立ちに関しては、これからゆっくりとお話ししたいと思いますが、いま世界中のフーディーたちは日本の美食に熱い視線を注いでいるのです。

しかも日本は美味しい食があるだけではなく、地方に行けば美しい自然や絶景があり、古い文化が残り、神社仏閣があります。人々は親切で犯罪も少ない。地方はもとより、東京や大阪の都会でも、世界最高レベルの衛生と安全を誇ります。

そして渡邉貴義さんのように、自身の料理をもっと高い次元に高めようと日々、勉強している料理人は都会にも地方にもたくさんいます。そうした料理人の存在を、世界のフーディーたちはもっと知りたいと思っています。

ですから、地方の優秀な料理人とその料理をもっと広めていけば、日本は世界中からフーディーを呼び寄せる国になるはずです。

フーディーは経済的な余裕があり、自己肯定欲が強く、拡散力が高い人々が多いので、彼らが拡散することで、より多くの人々が世界中から訪れることでしょう。

そのために日本はいったいどうしたらいいのか。本書では、それらについて考えていきたいと思います。

キーワードは「美食」「フーディー」「インバウンド」「富裕層」「ガストロノミーツーリズム（美食旅行）」「ラグジュアリーツーリズム（富裕層旅行）」です。

第1章

食の国際化、あるいはスペイン・サンセバスチャン物語

日本の外食産業や飲食店の盛衰、食関連メディアの変遷史に関する詳細は第5章で述べますが、ここ数年の外食文化をめぐる大きな流れは、インターネットの普及、そして国際化、情報共有のスピードの速さです。

まず、食べログやレッティがネットの情報収集や拡散機能を使った日本人による日本人のための食ガイドであるのに対し、世界レベルでネットを使って世界のレストランを位置づけようという試みができました。

「The World's 50 Best Restaurants（世界のベストレストラン50）」がそうです。

これは世界中のフードライター、シェフ、美食家ら1000人以上がベストレストランを50軒選ぶというシステムで、年に一度、毎年違った国でランキングの発表会が行われます。ネットでも発表されますが、活字版は出ません。2022年版では、トップはデンマークの「ゲラニウム」、2位はペルーの「セントラル」と、これまで欧米の一流店が並んだレストランガイドとはまったく違

った様相を見せています。

しかし世界中の食を食べ歩く最先端の人々にとっては、最近ではミシュランよりもこちらのほうが評価されているのです。

しかも日本のレストランは、20位に「傳《でん》」が入賞、「フロリレージュ」が30位、大阪の「ラシーム」が41位、「ナリサワ」が45位と4軒がランクイン。世界のレストランの中で日本のそれが占める位置をみても、日本がいかに美食の国であるかがわかります。

フーディーの定義とは？

その美食の国に足しげく通っているのが「フーディー」と呼ばれる人々です。さきほど「食いしん坊」「世界中の食を食べ歩く最先端の人々」という表現をしました。辞書的には、フーディーは「食通」「グルメ」という意味であると解説されますが、私の解釈ではちょっと違っています。

食通やグルメは「料理の味や料理の知識について詳しいこと。またそれを詳しく知っている人物のこと」（デジタル大辞泉）とされますが、フーディーはそれに加えて、積極的に食べ歩く人々を指します。しかも、食べ歩く場所は、自国のみならず、世界中。なかにはプライベートジェットで旅してまわるフーディーもいるのです。

彼らの存在が明るみに出たきっかけは2014年にスウェーデンで制作されたドキュメンタリー映画『99分，世界美味めぐり』だといわれます（日本公開は2016年）。原題は「Foodies」で、世界各地の名店に足を運ぶフーディー5名を追ったドキュメンタリー映画です。

映画に登場するのは、大手石油会社の元重役アンディ・ヘイラー、タイ・バンコクの金鉱会社の御曹司パーム・パイタヤワット、レコードレーベルの元オーナーのスティーヴ・プロトニキ、リトアニア出身で元スーパーモデルのアイステ・ミセビチューテ、香港生まれのOLケイティ・ケイコ・タムの5人。香港のケイティ・ケイコ・タム以外はすべて富裕層で（彼女も裕福ではないとは思えませんが）、誰もが自分の財布で移動し、食べ歩いているのです。

映画では、ニューヨークやコペンハーゲンの最先端レストランから中国の山奥まで全29店が紹介されていますが、日本からは「菊乃井」「鮨さいとう」「傳」「都寿司」が登場しています。日本料理と寿司ばかりですが、どこも予約困難な店です。特に鮨さいとうは3つ星の常連でしたが、いまや一見《いちげん》ではまったく予約が取れないため、ミシュラン非掲載となってしまっています。私も開店当初はずいぶん訪れましたが、最近は「さいとうの予約取ってたんだけれど、ひとりキャンセルが出たんで、代わりにいきませんか」と誘われてようやく行ける程度です。

フーディーが登場した背景は、ネットの登場で情報を容易に獲得できるようになったことが一番大きいと思いますが、「非日常的な外食」が増えたことで、外食を楽しむことが「趣味」となったこともあると私は思っています。

その、非日常的な外食が増えた端緒は、スペインにあったレストラン「エル・ブジ」の登場だと私は考えています。

バルセロナから2時間ほどの郊外にあるリゾートレストランであったエル・ブジはすでに閉店していますが、かつては約50席しかないシートに、世界中から年間２００万件もの予約希望が殺到し、「世界一予約が取れないレストラン」と呼ばれていました。

エル・ブジ自体は１９６４年に開店しているのですが、有名になったのは１９８１年にフェラン・アドリアがシェフになってからです。フェランは独創的な料理を提供するため、４月から10月までしか営業せず、残りの半年間は新しいメニューの開発を行いました。

料理はすべてコースで40皿以上、すべてを提供し終えるのが深夜にまで及ぶこともありました。シーズンごとにメニューを一新するのですが、エスプーマやアルギン酸カプセルを使った調理科学を積極的に取り入れたり、醤油や柚子《ゆず》など日本の食材も使った斬新なもので、世界中から富裕層が自家用ジェットやボートでやってきたといわれます。

１９９７年にはミシュランの３つ星を獲得、２００２年にはじめて「世界のベストレストラン50」の第1位に輝いたのち、２００６年から２００９年は4年連続して第1位となっています。

しかし、あまりにも忙しく、自分の料理をどうしていいかわからなくなったとして、フェランは2011年7月30日まででレストランを閉店してしまいました。

とはいえ、彼が発見した科学的な調理は世界中の弟子たちに受け継がれました。日本でも、山田チカラ、橋本宏一、永島健志、藪中章禎《やぶなかあきよし》、太田哲雄といった若いシェフがフェランの下で学び、帰国後は「81」「セクレト」「山田チカラ」など、斬新なレストランをどんどん作っています。

世界有数の美食の街はいかにして発展したか

20世紀から21世紀に移り変わる時期、欧米ではかつてのフランス料理、イタリア料理から、スペイン料理へトレンドは移り、いまでは南米料理の中でもペルー料理、北欧料理へと移っています。前述のように、「世界のベストレストラン50」でここ数年、トップレベルにいるのはそれらのレストランです。

2023年1月に、何度も1位に輝いたことのあるデンマークのレストラン「ノーマ」が、エル・ブジ同様に閉店するというニュースが世界中を駆け巡りました。世界中から客が訪れるとはいえ、北欧のレストランが閉店することが世界中のニュースになるなんて20世紀には考えられなかったことでしょう。ちなみにノーマは2023年3月から5月まで、京都でポップアップレストランを開催しましたが、1泊2食付きとはいえ、ひとり約25万円でした（ディナーのみの場合は10万円以上）。しかし、現地に行くことを考えれば安いし、そもそも現地でももう味わえないと考えるフーディーたちが殺到。発売後、わずか10分ほどで完売しています。

また、同じデンマークのフェロー諸島でミシュランの星を獲得したレストラン「コックス」は、ミシュランから「世界で最も遠隔地にあるレストラン」の称号を受けていたのに、「自分のレストランで食事をするためだけに来てほしい」と考え、さらに遠くへ移転。グリーンランドの北極圏に位置し、船かヘリコプターでしかいけない場所であらたに開業しました。しかし、そんな辺鄙《へんぴ》な場所でも、美味しいものを食べられるならフーディーたちは出かけるのです。

その流れを作った先進的なレストランがエル・ブジであることは間違いありませんが、もうひとつ、美食の街・サンセバスチャン（ドノスティア＝サン・セバスティアン）の発展も大きな要因だといわれています。

私もサンセバスチャンには、コロナ禍になる前の２０１９年までに3度、訪れています。

最近、日本各地で「××市（県）のサンセバスチャン」というフレーズを聞きませんか。食を使って町おこしをしようとすると、どうしてもサンセバスチャンの成功例に学ぶことになります。サンセバスチャンは世界中で食を使った町おこしに成功した随一の例だからです。

サンセバスチャンはスペイン北部、バスク州にあり、「ビスケー湾の真珠」といわれるほど風光明媚な場所。欧米の人たちにとってはリゾート地として有名です。

バスクはフランスやスペインと違ったバスク人の居住地として、かつては過激な独立運動も起こった地域ですが、バスク語がスペイン語とともに公用語とされています。そのため、サンセバスチャンの正式名称は、バスク語のドノスティアとつなげた「ドノスティア＝サン・セバスティアン」となるのですが、通常はサンセバスチャンと呼ばれているので、この本の中ではそう表記したいと思います。

サンセバスチャンの特徴は、3つ星レストランを筆頭にしたファインダイニングと旧市街を中心とする伝統料理店やバル（居酒屋）がともに存在することです。たとえばサンセバスチャンには、スペインで3つ星を獲得したレストラン7店のうち、アルサック（ARZAK）、アケラレ（AKELARRE）、マルティンベラサテギ（Martin Berasategui）の3店があります。3つ星以外の星の数も合わせると、ミシュランの星は合計19。サンセバスチャンは平方メートル当たりのミシュランの星が最も多い街のひとつとなっています（1位は京都です）。

ミシュランの星付きのレストランはバスク料理といっても、フランスやエル・ブジの影響を受けた「新バスク料理」を提供する店が多いのですが、星はなくても、ビスケー湾で獲れた豊富な海の幸を活かしたシーフード料理と内陸部のエブロ川流域の谷で獲れた山の幸を使った「海バスク・山バスク」と呼ばれる伝統的なバスク料理を提供し、食いしん坊たちに支持されているレストランも同時に存在しています。それがサンセバスチャンの食文化を深いものにしているのです。

その代表的なものがバルです。バルは日本でいう居酒屋のようなもので、マドリッドのような都会の場合、広場を囲むようにバルが十数軒あります。朝から営業しているところも多く、朝はカプチーノ（スペインではコンレッチェ）とパン、昼はボカディージョといわれるサンドイッチ類を提供し、夜になるとタパスと呼ばれる小皿料理とワインを出すのです。

サンセバスチャンの旧市街には伝統的なバスク料理レストランと１００軒以上のバルがひしめいています。そして、サンセバスチャンのバルで食べられる料理がピンチョスです。

ピンチョスはバスク地方で生まれた、タパスを進化させたもので、「コース料理のミニチュア版」といえるほど精緻なフィンガーフードになっています。

しかもサンセバスチャンが美食の街として栄えた理由のひとつが、バル街を中心にしたサンセバスチャンのシェフたちの「ある決断」に隠されているといわれるのです。というのは、彼らは、自分たちのレシピを自ら、積極的に公開したのです。つまり、レシピのオープンソース化です。

これまで料理のレシピというものは、どこの国でも門外不出。弟子から弟子、店から店へと伝えられ、真似されないようにすることが当たり前でした。ところが、サンセバスチャンのシェフたちは、レシピをライバルや仲間と共有することで、街全体を活性化させようとしたわけです。

その結果、観光客は事前に情報がなくて、行き当たりばったりで目についたバルに入ったとしても一定以上の味を楽しめることになり、「失敗した！」と思うことがなくなります。仕事でサンセバスチャンを訪れ、数時間だけ自由時間があった場合でも美味しい記憶が残るというわけです。

しかし、レシピが共有されたとしても味は最終的にはシェフ固有のもの。レシピ通りに作ってもプロと素人では同じ味にはならないように、シェフたちは共有化されたがゆえにいっそう、自分自身の独自の料理を作り上げようと研鑽を重ねていきました。

このように研究熱心なシェフたちが多数現れたこともあり、2009年にはサンセバスチャン郊外に、ヨーロッパ初の私立4年制料理専門大学「バスク・クリナリー・センター（Basque Culinary Center　通称・BCC）」もできました。

世界で有名な料理専門大学は、アメリカとイタリア、そして3つ目がサンセバスチャンにあるといわれます。

アメリカのそれは「カリナリー・インスティテュート・オブ・アメリカ」（通称・CIA）で、1946年に設立されました。ニューヨーク本校では約3000人の学生が学んでおり、国内ではカリフォルニア州セントヘレナ（ナパバレー）、テキサス州サンアントニオにも分校があるほか、シンガポール分校もあります。

そこで行われる授業は調理実習だけでなく、金融や経済の流れの理解も含まれます。それらがどのように外食産業に影響するかを知ると、会社経営、スタッフの管理、リサーチ、料理文化など多岐にわたる授業が必要な理由がわかるのです。

イタリアの料理大学は食科学大学と呼ばれ、イタリア北西部のピエモンテ州にあります。世界各地の伝統的な食文化や食材を見直す運動「スローフード」を提唱するスローフード協会のイニシアチヴのもとに２００４年に開設された大学で、「スローフード大学」とも呼ばれています。

アメリカ、日本、オーストリア、ドイツ、イギリス、スウェーデン、スイス、トルコなど多くの国々から生徒が集まっていて、講義は英語とイタリア語で行われます。そしてやはり、科学、文化、政治、経済、エコロジーなど、あらゆる立場から「食」について研究しています。

そして、サンセバスチャンにあるＢＣＣは、サンセバスチャンや近郊でレストランを経営していた８人のシェフが中心となって設立されました。小高い丘の上に建てられ、ＣＩＡや食科学大学と同様、「料理」で学位を取得することができる大学です。学部だけでなく修士課程と博士課程も設置されています。

アメリカやイタリアと同じように、ここでも実践的な料理だけでなく、農業学やエコロジーの知識、社会学などの学問も教えられます。料理を学問、科学として捉えられているわけです。こうした教育機関の存在で、サンセバスチャンにおいて料理は、ただ単に空腹を満たすものではなく、美食であり、学問であり、文化になっていったのです。

さらにいえば、サンセバスチャンが美食の街として栄えたのには、それを支えてきた食文化がありました。現地では「ソシエダ・ガストロノミカ」と呼ばれ、通称はソシエダ、日本では美食倶楽部と呼ばれることの多い、食コミュニティの存在です。

バスク地方には昔から男性たちが料理を作って楽しむ習慣がありましたが、そのいっぽうで自宅の厨房は女性のもの。いくら料理好きの男性でもキッチンには入ってはいけないという文化があったそうです。

そこで家のキッチンに入れない料理好きの男性たちは自宅から出て、街中《まちなか》にキッチンを借り、仲間同士で料理を作り、語らう、会員制の食の社交倶楽部を多数作っていったのです。

料理好きな男性の集まりですから、料理を作って食べ、ワインを飲みながら、美味しい店や魚屋、八百屋、肉屋など食に関する情報交換も熱心に行われます。当初は男性だけの倶楽部が多かったようですが、いまは女性も参加できるところが多く、サンセバスチャンにはそうしたソシエダ（美食倶楽部）が１００以上あり、バルが多数集まる旧市街だけでも40近くあるといわれます。そして、バスク州全体では１５０以上あるとも聞きます。

倶楽部の運営方法はさまざまですが、一般的には審査に合格し、入会金、年会費を払えば倶楽部の施設をいつでも利用できる権利が与えられます。

ソシエダには、単にレンタルキッチンを借りて料理を楽しむのと比べて使いやすい点がふたつあります。ひとつ目は、キッチン内にワインやビールなどの飲み物と調味料が完備されているので、よほど特殊なものを持ち込みたいのでなければ、食材さえ持っていけばすぐに楽しめることです。日本の場合、レンタルキッチンは通常、飲み物はもちろんのこと、調味料も自分で持っていかなくてはならず、当日の搬入搬出が大変なのですが、ソシエダなら、そういう手間が解消されるのです。自分たちの倶楽部ですから、食材だって事前に持ち込んでおけます。

もうひとつの利点は、料理を作ったあとの片づけをしなくていいことがあります。倶楽部で掃除人を雇っていることが多いため、料理をして語らったあとはそのまま帰ってよく（とはいえ、簡単な後片づけ、掃除をする人のほうが多い）、翌朝に専門の人が掃除をしてくれるので、面倒な片づけがいらないのです。

いま現存する最古の美食倶楽部は１９００年にできた「カノエタン」で、サンセバスチャンの旧市街のほぼ中心地、バルが立ち並ぶ中の古いビルの半地下にあります。私も仲間とコロナ禍の前に訪れ、会員とともに料理を作って楽しみました。歴史を感じさせるしつらえですが、キッチンの設備は本格的。会員は１５０人くらいで、お互いに日にちを決めて料理を楽しんでいるそうです。

私たちは寿司や煮物などの和食を披露し、カノエタンの会員たちはバスクの名物であるタラや豚の料理を作ってくれました。最後に私たちは包丁をプレゼントし、彼らからはエプロンをいただき

スペイン・バスク州サンセバスチャンの旧市街。3つ星レストランや100軒以上のバルが立ち並ぶ。

バルの料理といえば、フィンガーフードのピンチョス。

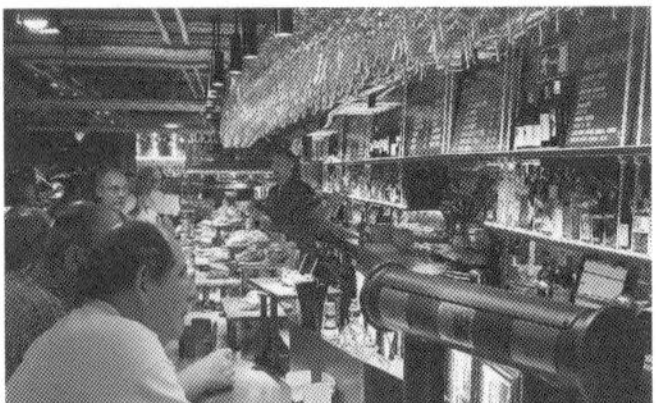

バルの店内。朝から営業しているところも。

最古のソシエダ（美食倶楽部）、カノエタン。

バルで供されるTボーンステーキ。

これも、ピンチョス。バルは日本でいえば居酒屋のようなところ。

ました。

カノエタンはできた当初は女性禁止の倶楽部でしたが、いまは女性も食事を一緒に楽しむことができます。しかし、いまでもキッチンには入れません。

私たちが行ったときも、キッチンの中で料理ができるのは男性だけ。終わってから一緒にサンセバスチャンに訪れた女性の仲間たちをテーブル席に呼び、食事を楽しんだのですが、私が何の気なしに「テーブルの上に置いてあるフォークを取って」と頼んだときのことです。女性も気にせず、キッチンとテーブル席の境目にある棚に行こうとしたら、会員から「それはわれわれ男性の仕事だ」とピシャリと止められてしまったほどでした。


このように、ソシエダやＢＣＣが底支えをすることによって、サンセバスチャンは最高級の現代バスク料理から海バスク・山バスクと呼ばれる伝統的バスク料理、そしてピンチョスを食べながらワインを楽しむバルホッピングができるバル街を持つ、世界一の美食の街になったのです。

サンセバスチャンが美食の街であることを最初に「発見」したのはフーディーたちかもしれませんが、いまやサンセバスチャンを訪れるのは世界中のツーリストです。日本からもコロナ前は毎年、多数訪れています。

観光名所はもともと食とは切っても切れない縁がありますが、サンセバスチャンを目指す世界中のツーリストは、その中でも特に食のために訪れ、お金を落としていきます。3つ星レストランはそれなりの金額ですし、せっかくサンセバスチャンまで来たからには、隣のビルバオにも訪れたいでしょう。ビルバオに行く途中にはゲタリアという、ミシュラン1つ星を獲得したことのあるシーフードレストラン「エルカノ」のある、美しい港町もあります。

サンセバスチャンはフランスとの国境に近い場所ですから、北上してフランスバスクを観光する手もありますし、「スペイン巡礼の道」と呼ばれる街道をたどって、中世のキリスト教の痕跡を訪ねる楽しみもあります。

こうして、サンセバスチャンの周辺には、フーディーだけでなく、食に興味のある富裕層たちによるガストロノミーツーリズム、ラグジュアリーツーリズムが構築されていったわけです。

第2章

インターネットとフーディーの関係

フーディーの登場に大きく影響したもののひとつに、インターネットの普及があります。ネットの普及による外食の進化については後述しますが、ネットが広がることによって世界中の情報が検索できるようになり、情報の共有化が瞬時に行われるようになりました。

サンセバスチャンのレシピの共有化がいい例ですが、インターネットの登場と、その哲学の普及で、かつてはクローズドな場所でひそひそと話されていた情報に、誰もがアクセスできるようになり、「シェア文化」が到来したのです。

ネット以降の世代、一般に「Z世代」と呼ばれる若者たちの特徴は、情報の出し惜しみをしないことにあると私は思っています。

私たち昭和の世代はどうしても、情報をひとり占めして自分だけが勝ちたいという思いがあります。しかし、いまのZ世代はみんなで情報を共有して、みんなで上へ登っていこうという連帯意識があります。だから勝ち負けにあまりこだわらないのです。私はそこが彼らの強みだと思っています。

そして、情報の共有化は、それはサンセバスチャンのレシピの共有化と同じ現象ですが、誰もがアクセスできる玉石混交の情報の中で、なにが一番いい情報なのかを選別しようという動きにつながりました。

そのような流れの中で登場したのがブロガーであり、フーディーだと私は思っています。思い起こせば、2000年代後半はブログ全盛の時代。食に限らず、どのジャンルでも、人気ブロガーが選別した情報が「正しい情報」として扱われ、世の中に大きな影響力を持ちはじめました。

大きな影響力を持つということは、いい情報を発信すれば、より経済力を得ることができるということです。ブログのアフィリエイト広告だけでなく、企業からの開発案件や講演依頼など、さまざまな仕事を頼まれますし、資本主義経済の中で大きな発言力を持ちます。

食分野においては、それがフーディーの数や先鋭化を加速させていきました。もともと余裕があるからこそ食べ歩きをはじめた人が多かったとは思いますが、趣味にしか過ぎなかった食べ歩きが金を生み出すようになったことから、彼らはさらに世界中を食べ歩くようになったわけです。

ちなみにアメリカの1980~90年代に生まれた若者は「ミレニアルズ」と呼ばれ、米国の人口約3億人の4分の1を占めますが、彼らは「フーディー・ジェネレーション」とも呼ばれていて、ミレニアルズの約6割が「自分はフーディー」と答えているといいます（東洋経済オンライン「なぜ米国で「食の屋外市場」が大盛況なのか」原田曜平・シェリーめぐみ　２０１６／01／27付）。

日本のフーディーもブログと同様に、２０００年代後半以降に活発化してきたと私は思っています。というのも、いま日本でフーディーといわれている人々と、１９８０年代や１９９０年代にあった日本の飲食店や外食の歴史の話をすると、知らない人々がほとんどです。そのかわり、21世紀に入ってからの高額料理店や予約の取れない店の話には驚くほど詳しい。

なので、いまの日本のフーディーたちは２００８年のリーマンショック以降の金融バブル、ＩＰＯ（新規公開株式）バブルなどで富裕層になった人々が多いように思うのです。リーマンショックに続く２０１０年前後はまさに食べログができて、食べ歩きの楽しさが日本人に認知されてきた時代です。

ブログは、１９９９年にアメリカではじめてスタートしたといわれます。イラク戦争のときにバグダッド在住のイラク人女性が更新していたブログ『Baghdad Burning』（バグダッド炎上）が話題となり、世界中にブログの便利さが知れわたったのです。

日本ではブログより先にＷｅｂ日記や、パソコン通信と呼ばれたコミュニティが存在していましたが、ブログのサービスツールがわかりやすくなったことなどで、２００２年頃から急速に普及しはじめたといわれます。

いったん普及しはじめると、あっという間に広がりました。日本のブログは投稿数が多いことが特徴で、2006年の第4四半期には全世界のブログ投稿の約37％を日本語によるものが占めていたといいます（「wikipedia」より）。

そして、ブログのあとに出てきて、いまでも大きな影響力を持っているのが、みなさんもご存じのSNSです。

すべては「外食産業を勝手に救済しよう！」から

SNSは、日本ではツイッターが大きなシェアを占めますが、食分野の情報拡散やフーディーたちの主戦場でいえばフェイスブックです（いまはそちらもインスタグラムに取って代わられつつあるようですが）。

フェイスブックは2004年にハーバード大学の学生だったマーク・ザッカーバーグとエドゥアルド・サベリンが創業しました。初期の頃の会員はハーバード大学の学生に限定されていましたが、その後アイビーリーグやスタンフォード大学などのエリート大学へと対象が拡大。徐々にさまざまな大学の学生も対象に加わりました。やがて高校生にも開放され、最終的には13歳以上のすべての人がアクセスできるようになったのです。

2010年にはサイトアクセス数がグーグルを抜き、2011年9月には世界中に8億人のユーザーを持つ世界最大のSNSになりました。

日本のSNSは当時、ツイッターが一番人気でした。日本独自のMIXI（ミクシー）もそうですが、匿名のアカウントだったからです。

それに対し、フェイスブックは実名登録制となっており、個人情報の登録も必要でした。日本語版は2008年に公開されましたが、実名で見知らぬ人同士が交流するのは、日本文化の風土に合わないのではないかと当初は思われていました。

事実、ミクシーやツイッターに押されて普及が進まず、日本は「フェイスブック後進国」と呼ばれていたほどです。日本国内の利用者数は2010年では約300万人、2011年にようやく1000万人を超えた程度でした。

ところが、そのフェイスブックの持つ機能に目を付けたのが日本のフーディーたちでした。一般的にSNSは、登録すれば、文字や動画などを投稿したり、友達の投稿に「いいね」をしたり、コメントをしたりすることができ、共通の趣味を持つ人々とコミュニティを作ることができるのが特徴です。

なかでもフェイスブックは実名登録制で、個人情報や顔写真も登録することが推奨されているので、リアルな知り合いとの交友が基本。ですから、ほかのSNSより信頼性があるといえますし、投稿の公開範囲を自分で決められるので、友達だけの交流もできます。

また、リアルで会ったことはなくても毎日投稿をしていれば、その人の性格や趣味嗜好はおのずとわかってくるものです。私の場合でも、数年間にわたってフェイスブックでしかやりとりをしてない人にリアルで会ってみたときに、思っていた人物とは違う印象だったことは、ほとんどありません。

そのためフェイスブックは、同じ趣味や嗜好を持つ人々のコミュニティを形成するには絶好のツールだったのです。

SNS全般にいえることですが、2011年3月11日の東日本大震災のとき、電話や郵便などのこれまでの通信インフラがまったく機能しなかったのにSNSだけは問題なく機能したため、それ以降、有用性の認知が進んだといわれています。

実は私も、3・11によってSNSに目覚めました。

東日本大震災当時の東京はコロナ禍と似たような状況で、「東北の人々が震災で困難に直面しているのに、東京の人間がへらへらと酒を飲んで楽しんでいるのはけしからん」という自粛ムードが高まっていました。実際、花見などもどんどん中止に追い込まれていき、宴会は自粛、外食産業はキャンセルの嵐に見舞われました。

しかし私は震災直後に、「こんなときこそ、幸いにも罹災しなかったわれわれはお金をどんどん使って経済を回して、東北復旧に貢献しようではないか」という思いを持っていて、同じように考えていた食ジャーナリストのマッキー牧元さんと一緒に「外食産業を勝手に救済しよう！」というフェイスブックページを作ったのです。

私は２０１０年にフェイスブックに参加していますが、当時は、ようやく友達が１００人を超えた頃だったでしょうか。復旧応援といっても、フェイスブックページを作るのがいいのか、グループのほうがいいのかもわからず、勉強しようにもフェイスブックに関する参考文献は数冊しか出ていない時代でした。結果的にフェイスブックページにしたのは、拡散性においては正解でした。

「私たちは幸いに被害にあわなかったんだからとにかく頑張って外に出てお金を落とし、外食したときにはレポートしようよ」というのが趣旨でしたが、とはいっても、誰かに頼まれたわけではないので投稿する際には「××を勝手に救済しました」で書きはじめました。

たとえば２０１１年の私の投稿はこんな内容でした。

〈四の橋の焼きトン「鈴木屋」を勝手に救済。5時から8時までしかやってない焼きトンの店。普段は6時をまわると一杯になることが多いが、この日はぎりぎりセーフ。ビールで煮込みを頼む。澄んだスープの煮込みは塩味だけ。モツがきれいに掃除されているから、臭みはない。続いてヒモ、ハツ、ガツなど適当に数本。最後にもう一度煮込みに戻って滞在時間30分。Kassie〉

こんな感じで「勝手に救済」レポートは増えていき、いつの間にか「いつもは数か月予約待ちの店ですが、二巡日なら空いてます」「東北応援フェアでワインが半額です」などといった情報が集まり、食を愛する方々が集うサイトになったのです。

2011年8月には港区飯倉のイタリア料理「キャンティ本店」で「外食産業を勝手に救済しよう！　いいね！　1000人突破記念&東北復興祈念パーティ」を開きました。当日は悪天候だったにもかかわらず、1000人を超える参加者が集まり、はじめてリアルでお目にかかった方も大勢いました。チャリティも集まり、東北復興のために振り込みました。

そのパーティのことを、私はこんな風に書いています。

〈昨晩、無事に「外食産業を勝手に救済しよう！　いいね！　1000人突破&東北復興祈念パーティ」を終えることができました。最後までとても楽しく過ごすことができました。ありがとうございました。いろいろ不手際も多かったと思いますが、お許しください。初めてお目にかかった方がほとんどなのに、旧知のようにお話をすることができた不思議は、このページの取りもつ縁のおかげだと思いました。とてもうれしく思いました。昨日は終了後打ち上げに出てしまったので、具体的な報告はあらためてさせてください（笑）。まずは昨日にお目にかかった方々への御礼を。そして、お目にかかれなかった方々とも次回、お話ができることを楽しみにしております。〉

あの日の興奮がいまでも思い出せるような文章です。このパーティが私の食いしん坊の方々とのコミュニティの原点になったと思います。

ここではじめて知り合った方から後日、

「あのときに餃子が好きな人たちと知り合って餃子のコミュニティを作り、オフ会をすることになったのでいらっしゃいませんか」

「横浜の食べ歩き好きと知り合えたのでグループを作って交流しています。柏原さんも参加されませんか」

などとご連絡をいただき、私の食仲間はどんどん広がっていきました。

同年には関西方面の食いしん坊ともご縁をいただきました。関西の食文化の重鎮といえば一般社団法人全日本・食学会副理事長でフードコラムニストの門上武司さんですが、彼のご縁でＭＢＳテレビの長寿グルメ番組「水野真紀の魔法のレストラン」プロデューサーの本郷義浩さんと知り合いました。

本郷さん、門上さんとフェイスブックでやりとりをしているうち、最近はヘルシー志向ばかり取り沙汰されているけれど、美味しいのは脂だよねということで盛り上がり、「油断大敵教会」というグループを作り、フェイスブックページを開設しました。

油断大敵とは「油を断つことは大敵、つまり積極的に油物を食べよう」という意味で、教会ですから「油断大敵教」の教えも作りました。

門上さんが教皇に就任、本郷さんが西の枢機卿、私が東の枢機卿を拝命するという、いい歳したおじさんたちがなにをやって遊んでいるのかといわれそうなグループでしたが、油断大敵教会にも多数の信者が入信。美味しい油断大敵店情報がたくさんフェイスブックページに載り、関東と関西で「公会議」と称するパーティも行われました。

さらには、「外食産業を勝手に救済しよう！」で知り合ったメンバーは食べ歩きだけではなく、料理も好きだということがわかり、料理好き男子が自分たちの作った料理を自慢するグループ「台所男子の会」も結成されました。

こうしたグループを中心にして、バーチャルとリアルの垣根を取り払って交流できることがフェイスブックの強みです。いまのフェイスブックは「おじさん、おばさんのSNS」といわれていますが、それでけっこう。その強みを活かして、日本中に点在していた食いしん坊とつながることができたのは、フェイスブックのおかげだと私は思っています。

そして、このフェイスブックの機能をうまく使ってフーディーたちはまとまりはじめたのです。

このあたりで私自身の食遍歴も振り返ってみようと思います。

私は父親が食いしん坊だった関係で、食べることには子供のころから興味を持ち、自宅にあった吉田健一や子母澤寛《しもざわかん》などの随筆をよく読んでいました。

しかし、実際に食にはまったのは、大学2年時に旅行ガイド『地球の歩き方』に感化され、ヨーロッパ45日間一人旅に出かけたときが最初かもしれません。

当時の『地球の歩き方』の表紙には一日5000円あればヨーロッパは楽しめると書いてあったため、それを鵜呑みにしてアルバイトで50万円を貯めました。

45日ですから滞在費は20万円強。当時はまだ航空運賃が高く、残ったうちの20万円の予算ではアエロフロートか、シンガポール航空の南回りしか買えませんでした。そしてヨーロッパ中の電車に乗れるユーレールパスを買えば、50万円なんてあっという間に終わってしまいます。

まずはシンガポール経由で23時間かけてロンドンのヒースロー空港へ着いたのですが、ロンドンのB&B（ベッド&ブレックファースト、朝食付きの民宿）がなんと日本円で４５００円。計画はいきなり破綻しかかったのです。その後も旅費は予想を超えてしまい、ホームシックにかかりそうになりましたが、安いチケットだったので日程を短くすることもできません。

イギリスからベルギー、ドイツ、イタリア、南仏とまわり、最後にスペインを訪れたのですが、スペインで私は救われました。最初に入ったバルセロナの安食堂ではワインが一本ついたディナーが７００円程度だったからです。しかも美味しい。民宿も同じくらいでした。

私はすっかりスペインの食にはまり、その後の大学生時代も、アルバイトでお金を貯めてはスペインばかり出かけました。

東京でもアルバイト代をスペイン料理に投じていたのですが、影響を受けたのが青山のスペインバル「ポコ・ア・ポコ」（現在は閉店）。この店はかつて旅行カメラマンだった料理好きの男性と女性のカップルがはじめたのですが、当時は、いまでは当たり前の「バル」という言葉すら日本では通じない時代。たぶん日本で最古のスペインバルだったはずです。

類は友を呼ぶというべきか、ポコ・ア・ポコには、フランス料理店オーナー、料理写真家、食ライターなどの食いしん坊たちが連日集まっていました。大学生で最年少だった私は、彼らから食文化の基礎をワイン片手に教わったのです。それが１９８０年代前半でしょうか。

その後、１９８６年に新卒で文藝春秋という出版社に就職、最初の配属は「週刊文春」編集部でした。「文春砲」なんて言葉はまったくない時代で、食べること、ワインを飲むことが好きというアピールをしたおかげで2年目に食評論家の山本益博さんの連載の担当となったのが、見聞を広めるきっかけとなりました。

１９８０年代後半といえばバブル景気が上昇していく頃。週刊誌の連載ですから毎週、山本さんとイラストレーターの本山賢司さんと一緒に料理取材に出かけるのですが、すでに山本さんは下取材済みなのです。当時は客が写真を撮る習慣はなかったので、本山さんはラフスケッチをしながら食べるのが大変だったと思いますが、私は山本さんの解説を聞きながら料理を楽しめた、夢のような時間でした。

そうしたことを契機にして食に関連する仲間が増え、ペンネームで連載などもするようになりました。さらに食への関心を深めるきっかけになったが、私の会社で発行していた『東京いい店うまい店』の編集経験でした。

『東京いい店うまい店』は１９６７年に創刊された東京のグルメガイドです。

もともとミシュランガイドのようなものを東京でも作ろうという目的で創刊。当時はさまざまな出版社や新聞社から定期的にレストランガイドが出ていましたが、唯一残った定期刊行レストランガイドブックが、このシリーズだったのです。私が関わりはじめた頃は、匿名取材探偵がすべての店を訪れて評価し、掲載店と星を決めるという方針でした。

「若いけれどけっこう食べ歩いているらしいよ」という噂が入ったらしく、取材チームは先輩ばかりでしたが、匿名取材探偵のひとりに加わることができ、以来、さまざまなジャンルの店を訪れることができました。そのとき、取材評価という目線でたくさんの店を食べられたことがいま、店を客観的にどう評価するかの軸のひとつになっています。

『東京いい店うまい店』は隔年刊行で写真は一切ない、活字だけの飲食店評価ガイドでしたが、その後、食べログなどネットメディアに押され、2016年で役目を終えました。

その間も山あり谷ありで、少額ながら赤字になり、休刊するかどうかの議論になったこともありました。そのときは関係者の中で一番若かった私が編集長として関わり、ベスト版を作ってなんとか黒字に復活させたことを覚えています。編集方針は毎回微調整しましたが、匿名で評価するという原則は最後まで守りました。

たとえば、天ぷらの歴史について、私は当時、匿名ながらこのように書いています。

〈昭和初期から始めて成功した天ぷら屋の代表格が「天一」と「天政」。天一は一九三〇年、天政は一九三六年に創業。ともに胡麻油だけにこだわらず、胃もたれのしない高級天ぷらとして名を馳せた（中略）胡麻油で魚介類だけを揚げるのが「元祖・江戸前」だとしたら、この三十年の天ぷら業界は「脱・元祖」のムーブメントの時代といっていいだろう。若い職人たちは、素材の探求に余念がなく、ピーナッツの芽やモロヘイヤなど新しい食材を探し、（中略）揚げる温度、時間も試行錯誤がなされてきた〉（『BEST of 東京いい店うまい店』　文藝春秋編より）

いまや天ぷら業界は「にい留」「くすのき」「たきや」などニューウェイブが現れ、さらに進化していますが、この本の編集によって私自身、東京の食事情を俯瞰的に眺められるようになったと思います。

トップフーディーは日本人！

さて、私の食文化における30年の歩みとフーディーたちの進化は、かなり似たようなカーブを描いています。

私がフェイスブックで数多くの食いしん坊と知り合ったように、フーディーたちも、ネットやSNSを駆使して世界中の美味しいレストランを探し、そこに訪れるためのルートを開拓し、仲間を募って出かけています。

そのために重要なのがネットワークであり、同じ趣味を持つ仲間なのです。彼らにとっては「美味しい料理に出合う」ことはなによりも重要。しかし、その料理が美味しいか美味しくないかの基準は、人によって違います。私だって「この人が美味しいというのなら行ったことがなくても他人に推薦できるが、あの人がいくら美味しいといっても信じられない」という場合はあります。それはその人々と私の料理の好みの違いであったりもするし、経済力だったりもします。それ以前に料理に対するリテラシーの違いであったりもします。

なのでフーディーたちは同じような趣味嗜好を持つコミュニティの中で情報交換をするわけです。そこには趣味嗜好だけではなく、やはり経済力も加味されます。彼らが訪れたい店は世界中のフーディーが訪れたい店です。しかし店のキャパシティは決まっています。いい食材だって限られているし、いい料理人の給料もどんどん上がっています。

料理がアートと同じような価値を持っていくと、内装や器、場所にもこだわるようになっていきます。それはすべて価格に跳ね返るわけです。

いまや銀座や港区の寿司屋は一人前のお任せコースが5万円を超えるのも不思議ではなく、3万円しないと「安いね」といわれるほどです。お酒を入れたらふたりで10万円は最低でもかかると考えなければいけません。日本海のズワイガニや天然ふぐ、ジビエなどの料理が出る冬の日本料理店にいけば、ひとり10万円は普通です。

銀座の有名なステーキ屋は、最高級ワインしか置いていないため、それらを開けるとひとり100万円以上の支払いになるのは当たり前といわれていますし、料理だけでも20万円を無造作に超えるようです。しかしカウンターだけの簡素な内装の店です。

そうしたレストランに行くことに価値を認めるかは人それぞれです。ファミリーレストランのステーキ御膳なら高くても1万円はしないわけで、それでいいという人にとっては銀座のステーキ屋に金を払う意味はまったく見いだせないでしょう。

しかし日本の最高級のアワビがすべてこの店にきて、黒毛和牛のシャトーブリアンの一番いい肉がここで食べられるのであれば、プライスレスだと感じる人もいます。

こうしたように、似たような価値観、経済的な価値を見いだせる人々がコミュニティを作っていくのです。

コミュニティはほとんどの場合クローズドで、存在すら知られていない場合も多々あります。そこでは「ミシュラン３つ星レストランの副料理長が来年、独立することが正式に決まったよ」「西麻布のあのフレンチのソムリエが今度、広尾の新しいレストランに転職するらしいよ」といった情報がいち早く飛び交います。

彼らにとっては、そうした情報を誰よりも早く知ること自体が快感なわけですが、コミュニティに属していると、さらに別の利点があるのです。

たとえば有名レストランの副料理長の独立が決まった場合を考えてみましょう。そのコミュニティの誰かがそのシェフと親しかったら、彼は開業間もないシェフを応援したいと思うでしょう。しかも、有名店で修業していたシェフの独立ですから、すぐに人気が出て予約が取れない店になってしまうかもしれません。

ですから開業直後に店を1日貸し切り、まずは仲間で出かけるのです。となると、そのコミュニティに属することで、新規開店で今後人気が出そうな店に参加する権利が得られるわけです。

比較的大きなコミュニティであれば、フェイスブック内に専用のページを立てて、こんな感じで募集をします。

〈先日ミシュランの名店××から独立した友人の××シェフのフランス料理店を×月×日×時から貸し切りました。参加可能人数は15人。いまから募集します！〉

早い者順で参加できることが多いようですが、なかには「参加の方々の関係性を考慮するので早い者順ではありません」などと書かれる場合もあり、そうなると主催者との距離感が近いほうが当選になるのかもしれない、などと考えてしまうでしょう。


ただ世界的なフーディーたちは、そんな小さいコミュニティの中だけで動いているわけではありません。

先述しましたが、世界の飲食関係者にとっては、ミシュラン以上に信頼性を得ているといわれるものに「世界のベストレストラン50」があります。イギリスで『レストラン』という専門誌を発行するウィリアム・リード社が2002年からスタートさせたランキングです。

文字通り、世界中のレストランのランキングを行うもので、国と場所は毎年変わりますが、年に1回、ランキング発表のイベントが開催されています。

「世界のベストレストラン50」の上位に入ったレストランには予約が殺到し、メディアにも多く登場するだけに、いまや世界のトップレストランは、ミシュランガイド以上にここで上位に入ることを念頭に置いています。そして、そのランキングに世界のトップフーディーたちがとても大きく関わり、重要な役割を担っているのです。

というのも、ランキングを決める審査員は世界各国から選ばれた１０４０人ですが、「シェフやレストラン関係者」「フードライターなどのジャーナリスト」に加えて、「いわゆるフーディーと呼ばれる食通たち」が投票に関わるからです。フーディーの投票は全体の3分の1を占めますから、大変重要な決定権を持っています。

審査基準はシンプルで「あなたにとってベストレストランとは?」ということ。「ベスト」の基準は人によってさまざまでいいとされ、料理のクオリティ、レストランの雰囲気やデザイン性、シェフの哲学や人間性、アクセスのしやすさなども投票の基準となるといわれます。

料理そのものの評価というより、「おいしいのは当たり前で、その上で何が体験できるのかが求められている」と、日本のチェアマンを務める中村孝則さんは話しています。(朝日新聞&「世界のベストレストラン50」に見る、美食のこれから　中村孝則さん　２０１８／08／31より)。

つまり、ミシュランがレストランに対する評価を紹介するガイドなのに対し、世界のベストレストラン50は人気ランキング。審査員も一定数、毎年常に入れ替わります。そして18か月以内に実際に行ったレストランにしか投票できないので、世界中を飛び回って食べられる人しか審査員にはなれません。まさに、富裕層のためのレストランガイドといえるでしょう。

ここ数年でいえば、フードロスに取り組む社会活動家のシェフがいる店や、貧困者への食事提供などをしている店などが評価される傾向にあります。現在は「アジアのベストレストラン50」、「ラテンアメリカのベストレストラン50」などエリア分けしたランキングも派生しています。

日本のレストランもランキングの上位にはいくつも入っています。2022年7月にロンドンで発表されたランキングでは、20位に日本料理「傳」(東京)、30位にフランス料理「フロリレージュ」(東京)、41位にフランス料理「ラ シーム」(大阪)、45位にイノベーティブ料理「ナリサワ」(東京)が選ばれました。

日本のレストランがはじめて50位以内へ入ったのは2009年の「ナリサワ」でしたが、今年は過去最高の4店舗がランクインしただけでなく、傳は2022年3月に発表された「アジアのベストレストラン50」でもトップになっており、世界ランキングでもアジア圏1位でした。続く2023年のランキングでは、フランス料理「SÉZANNE」がアジア2位に輝いています(傳は4位)。

レストラン側は、フーディーの評価が順位に直結するだけに、彼らの評価には細心の注意を払っています。いっぽうフーディーも世界中の美味しいレストランをいち早く知り、そこに訪れて、自分の高評価したレストランがランキング上位になることを無上の喜びとするのです。つまり、世界のレストラン産業にフーディーの動向がとても深く関わっているといっていいのです。

さらにいえば、世界のフーディーたちのトップに君臨するのは日本人だということはあまり知られていません。

世界のフーディーのトップを選ぶランキング「OAD Top Restaurants」レビュアーランキングで2018年から4年連続世界第1位となったフーディーは浜田岳文《はまだたけふみ》さんという日本人なのです。

浜田さんは1974年生まれ。高校までは日本でしたが、アメリカのイェール大学に在学中、学生寮のまずい食事から逃れるため、ニューヨークを中心に食べ歩きを開始したといいます。

外資系の金融機関に勤めたのち、現在はエンターテインメントや食の領域のアドバイザーを務めつつ、これまで世界約125か国を踏破し、各地で食べ歩きを続けています。浜田さんは酒を飲まないため、彼の評価軸はブレないといわれており、それがトップフーディーとしての信頼を勝ち得たのかもしれません。

また日本で2021年からはじまった、わざわざ訪れたい地方のレストランを評価する「The Japan Times Destination Restaurants」の創設に携わっており、彼は選考委員も務めています。

まさに世界中の食に光を当てるのが浜田さんの仕事なのです。

浜田さんの訪れたレストランのリストを見ると、まさに美食のために世界中を飛び回っていることがわかります。その彼が、実は世界の中で日本の食には高い評価をしているのです。

浜田さん以外にも世界レベルのフーディーと呼ばれている日本人は多数います。

たとえばレバレッジコンサルティング株式会社代表取締役社長の本田直之《ほんだなおゆき》さんもフーディーのひとりといっていいでしょう。

ハワイと東京に拠点を構え、コロナ前は1年のうち、5か月をハワイ、3か月を東京、2か月を日本の地方、2か月はハワイ以外の海外を旅しながら、仕事と遊びの垣根のないライフスタイルを送っていました。これまで訪れた国は60か国以上を数えます。

これまで国内の著名シェフのコラボディナーイベント「Dream Dusk」を手がけており、浜田さんと一緒に「The Japan Times Destination Restaurants」の創設にも携わり、やはり選考委員を務めています。

もちろん、本田さんの旅の目的の中心は食。日本航空のサイト「On trip/JAL」のインタビュー「人生＝旅。60か国を巡った実業家・本田直之が教える成功の秘訣」では、本人自身、こう述べています。

〈ぼくにとって旅の大きな目的のひとつは「食べること」ですね。そもそも美味しいものがない街にはあまり行きたくないです。（中略）旅先で食べることを好む理由のひとつに、「食」を通じて地域や人を深く知れる、ということがあります。例えばバスク地方の人は、すごく真面目ですね。サンセバスチャンには、小皿料理と一緒にワインを楽しめるバルがたくさんあるんですが、バルではお会計のとき、注文したものを自己申告するんです。狭い店内に人がごった返していて、立ったまま飲んだり食べたりしているので、食い逃げしようと思えばできてしまうでしょう。でも、絶対にそんなことはないし、店側もボッタクリはしないんです。〉

ホリエモンこと堀江貴文さんもフーディーといっていいでしょう。ロケット開発事業や予防医療など数多くの分野に活動を展開している堀江さんですが、食に関しても造詣は深く、レストランをはじめグルメビジネスを多数展開する「WAGYUMAFIA」や、レストランガイドアプリ「テリヤキ」などを手がけています。

ご本人も、コロナ前は毎月のように海外旅行に出かけ、世界各地の最高のグルメを楽しんでいると話しています。

有名人でなくても、食の世界でフーディーと呼ばれている人はほかにもいます。

冒頭に述べた北九州の照寿司を世に知らしめたAさんは、本業は医師ですが、「美味しい料理店ができた」と聞くと、診療と関係なく日本中を飛び回って美食探求に出かけます。Aさんとは毎年、年末に食いしん坊仲間と集まる会でご一緒しますが、その年に彼が行った店の評価を聞くのが楽しみのひとつです。

いくつもの企業を起こし、売却して財を成したBさんは、本業は食と関係していませんが、趣味が高じて食と関係した会社を興し、そこにブログを連載しています。

彼とは数か月に一度、食に関する情報交換をしますが、彼もまた食のためだけに、日本のみならず、世界中を旅しています。しかも食が本業ではないためか、彼のブログはなかなか辛口で、美味しくない店に対しては手厳しい評論が上がるため、かえって熱狂的なファンがいます。

Bさんと同じように、本業は食と関係なかったのに、食関係の事業を立ち上げてしまい、コロナ前には年に10回以上も夫婦で食のための旅に出かけるCさんの情報もディープです。

あるとき、海外での食情報をどうやって調べるのかという話になったところ、

「ミシュランなどのガイドはもちろんですが、現地語で書かれた向こうの食ブロガーの記事をいくつも丹念に読み、そこからピックアップしたものをまとめ、クレジットカードのコンシェルジュデスクに予約を頼むんです」

と教えてくれました。私はCさんほど海外には行きませんが、はじめて訪れる地方の食情報を調べるときには同じような方法を取ります。彼の考え方とほぼ同じだったので、あらためて私の情報収集方法も間違っていなかったなと安堵したものです。

また地方で会社を経営するDさんのレストラン情報も的確です。彼も食は仕事とは関係ないので

すが、東京や大阪のみならず、いまやアジアにも仕事絡みで足を延ばし、美食レポートを書かれています。

ほかにも私の周りには、「これぞフーディー」と呼ばれている人は多数います。毎年世界一周して、美味しいレストランを食べ歩くことを趣味としているご夫婦もいます。彼らの特徴は、基本的に本業は食と関係ないが、食に関する情報がとても深く、幅広いこと。そしてお互い同士の情報交換も密接で、すぐに美味しい飲食店の情報は彼ら同士で共有されます。

ポップアップレストランという先進的な試み

そうしたフーディーたちの力を合わせてできたプロジェクトに京都のレストラン「空《そら》」の試みがあります。

空は京都のフーディーの代表ともいえる株式会社トーセ会長の齋藤茂さんやキョーラク株式会社社長の長瀬孝充さん、株式会社山中商事社長の山中隆輝さん、株式会社ロマンライフ社長の河内誠さんら6人がはじめた2015年から2018年まで3年限りの食プロジェクト。50人以上の有名人が顧問として参加し、プロジェクト名は放送作家の小山薫堂《こやまくんどう》さんが付けるという、壮大なプロジェクトでした。

祇園の町家をレストランに改装して、そこに日本のみならず世界中から毎週違ったシェフがやってきて、1週間限りのポップアップレストラン（普段の店舗とは別の場所で行う期間限定のレストラン）を営業したのです。

選ばれたシェフは、村田吉弘（菊乃井）、栗栖正博（たん熊北店）、佐々木浩（祇園さゝ木）、ティエリー・ヴォワザン（帝国ホテル 東京 レ セゾン）、脇屋友詞（Wakiya）、徳岡邦夫（京都吉兆）など、一流シェフ計58人。紹介制のため、そのカウンターに座れるのは限られたメンバーのみでした。私も一度だけお邪魔しましたが、シェフが緊張感にあふれながらも、楽しそうに調理をしていたことを覚えています。

空プロジェクトは惜しまれながらも予定通り3年間で終了しましたが、現在は場所を東京に移し、同じようなコンセプトの「禄倶楽部《ろくくらぶ》」が運営されていますし、空を契機に各地でポップアップレストランの試みは行われています。

そのポップアップレストランの代表的なイベントに、博報堂ＤＹメディアパートナーズの子会社「ワンストーリー」（現在は株式会社ヨシムラ・フード・ホールディングスに譲渡）がはじめた「DINING OUT」があります。

これは「日本のどこかで数日間だけオープンするプレミアムな野外レストラン」をコンセプトにしたイベントで、２０１２年から開催されており、これまで19回開催されました。

自治体からの予算や協賛社を得て、半年間くらい時間をかけて、地方のなにもないところにテントを建設、数日間だけの限定レストランを開くのです。そこにトップシェフを呼び、地産地消の食材を使った食事会が行われますが、参加費はだいたいひとり15万円前後（交通費は別です）。それでもすぐ満席になってしまいます。

たとえば初回のイベントは新潟県佐渡で行われましたが、歴史ある大膳《だいぜん》神社境内にある能舞台で薪能《たきぎのう》を上演しながら、スペイン「エル・ブジ」で修業したスペイン料理「山田チカラ」の山田チカラシェフが地元の食材と酒を使用したディナーを提供する、という内容でした。

大膳神社は、親の仇《かたき》を討《う》った公卿の子の逃亡を手助けして死刑となった大膳坊の怨霊を鎮めるために建立された神社。日本の能舞台は3分の1が佐渡にあるといわれますが、その中でも大膳神社の能舞台は、佐渡に現存する最古のもので、１８４６年に再建されてからは、県の有形民俗文化財にも指定されています。

そうした伝統的な場所を使って、最新の料理をエル・ブジで学んできた山田シェフが地元の食材を使ってディナーを提供するわけですから、まさに二度と味わえない体験です。高額といえども、すぐに満席になるわけです。

その後も、沖縄県八重山諸島石垣島、徳島県祖谷《いや》、大分県竹田市、静岡県日本平《にほんだいら》、佐賀県有田《ありた》町《ちょう》、広島県尾道市、佐賀県唐津市、宮崎県宮崎市、北海道ニセコ町などで行われていますが、コロナで一時期開催はストップしていました。

コロナ後のひさしぶりの開催は2022年7月でした。場所は長野県木曽・奈良井宿《ならいしゅく》で、「世界のベストレストラン50」に選ばれた「傳」の長谷川在佑《ざいゆう》シェフと行われました。2023年2月には比叡山延暦寺の「大書院」で、ミシュラン2つ星の和歌山「Villa Aida」小林寛司シェフが精進料理をテーマにして作りました。

奈良井宿は中山道34番目の宿場。宿場時代の町並みが現在までほぼ完全に保存されており、「伝統的建造物群保存地区」(昭和53年)の指定を受けていますし、比叡山延暦寺「大書院」は通常は非公開の場所。こうした舞台を日本中から探してきて一流のシェフとコラボすることにより、普通なら2万円とか3万円かもしれないツアーがこれだけの価値を生むのです。付加価値を付けるのに「食」がどれだけ影響を与えていけるのかがわかると思います。

こうした試みの背景には、フーディーとシェフの交流が一般的になっていることがあります。これまでは料理人の作ったものを食べることしかできなかったのに、交流する楽しみが増えたのです。

私が子供の頃から読んできた食随筆にも食通が料理人をいろいろな料理店に連れて行く場面がありますが、当時は若い料理人を食通がおごりで連れていき、勉強させて、彼らが成長するのを見守るとともに、自分も美味しいものを食べられるようになるという、ある種「上から目線」的な意味合いでした。

ところがいまは、フーディーと料理人は対等で、お互いに情報を交換し合っています。それにもやはりSNSの発達があります。

料理人は普段の夜にはなかなかほかの店に食べには行けませんから、限られた時間は美味しい店に行きたい。それにはフーディーたちの情報をうまく利用したいわけです。

いっぽう、フーディーたちは自分たちが行った店の評価をシェフに開陳するという自己承認欲求が満たされるとともに、もっと仲良くなれば、シェフの休みの日に一緒に食べに行くようになれるかもしれません。シェフと仲良くなることで将来的には優遇してもらいたいというような裏目的もあるかもしれませんが、いまやこうしたやりとりは日常化し、フーディーや一流シェフの情報は、瞬く間に共有されていくのです。

さらにいえば、飲食店経営者たちの情報発信も巧みになりました。私がはじめて「この人の使い方はうまいなあ」と思ったのは、東京・吉祥寺で赤身肉専門店「肉山」を経営している光山英明さんでした。

彼とは2011年からの友達です。甲子園球児だった光山さんはもともと吉祥寺で焼酎とホルモンの専門店「わ」をやっていましたが、2012年に赤身肉を思い切り食べても、コース5000

円という「肉山」をはじめたのです。肉山は、吉祥寺駅から歩いて10分以上かかるという、交通の便もけっしてよくないところでしたが、すぐに大繁盛して予約の取れない店になったのは、光山さんのＳＮＳの使い方のうまさにあったと私は思っています。

いまでこそ当たり前ですが突然、「朝ごはんやります。朝山」「今日はいいウイスキーが入っていますよ」などと毎日告知していくうちにファンがつき始め、肉山に訪れることを「肉山登山」と呼びはじめたのです。

「今日は吉祥寺のお山に登ってきました」「朝から山に登っています」と客が勝手に宣伝していくようになればこっちのもの。肉山はあっという間に予約の取れない有名店となり、いまや光山さんはいくつもの店を開店したり、プロデュースする経営者として活躍されています。

際《きわ》コーポレーションの中島武さんもＳＮＳの使い方がうまい人です。中島さんは紅虎餃子房など数々の有名店を作り上げ、一代で３００店を超える外食産業を築いた経営者ですが、いまでも彼が先頭に立ってイベントを行い、告知します。ときには弱音も吐き、怒りもしますが、それも魅力になっています。

先日は、ある鰻屋の商売のやり方に関して怒りをあらわにしたあとに、こんな投稿をしました。

〈皆様、鰻屋の件ではお騒がせしました、ややこしいことで失礼しました。

本人にも伝わっていると思います。もう一度卸し屋は卸しに徹してお取り引き先の事を真剣に考えて、他人の芝生を羨ましく思わず、卸業に励んでもらいたい。当初××君が口にしていた、不透明な鰻業界をクリーンにすると話していた事を実行してください。〉

絶妙な距離感の投稿をしたあとに、こんな文章を付け加えます。

〈私は私の鰻屋をします。鰻職人を集めます。是非、鰻、和食、料理人の方応募下さい。一緒に鰻屋を展開しましょう。〉

これが人材募集の広告と取られないところが、中島さんのうまさだと思います。本来、フーディーと呼ばれる人々は際コーポレーションのような外食産業にはあまり関心がないものですが、中島さんの食に関する造詣の深さと文章力で、彼の周囲にはさまざまな食関係者が集い、行うイベントは満員となり、新しく作った店には自然と拡散されていく仕組みが出来上がっています。

経営者からの発信はもちろん営業が目的ですが、それが露骨に感じられるような発信や発信者はすぐに淘汰されていきます。逆にいえば、自然体で行う営業のＳＮＳなら受け入れられるのです。フーディーたちの発信も、ステマなどマーケティングに絡み取られるとすぐに輝きを失います。フーディーのコミュニティで認知を受け続けることはむずかしいものだと思います。

また、「美味しい店を教えるとすぐに予約が取れなくなるので教えない」といって、ＳＮＳに写真は上げてもけっして名前を出さない人がいますが、フーディーは開示することには躊躇がありません。自分の発見した店を教えなければ、自分の知らない店の情報を得ることはできないことをよくわかっているからです。

このように、フーディーとは美食を求め、美食のためにはお金も時間もいくらでもかける人々です。彼らの中には、「食」以外には一切関心がない人々も存在しますが、食べることが好きで、フーディーたちの動向を気にしながら、さらに宿や観光にも興味を持つ層のほうが、母数ははるかに大きいのです。

ですから、まずはフーディーを取り込み、そこから幅広い層へ訴えかければ、裾野は広がります。そういう意味で、フーディーに日本の食のよさをPRしてもらうことは、日本の地方創生にとって大きな意味をもたらすのです。

フーディーはイノベーター

古典的なマーケティング論の中にイノベーター理論というものがあります。これは、消費者を価値観や行動によって5つのタイプに分類し、新しいサービスや商品が市場に普及していく流れを分析した理論です。

新しいサービスや商品が発売直後から普及するケースはほとんどなく、まずは「新しいものを積極的に試したい」と思うユーザー層が飛びつき、そこから少しずつ浸透していきます。これは経験則からも理解できると思いますが、これを理論として確立したのがイノベーター理論です。

イノベーター理論は、1962年にアメリカのスタンフォード大学教授のエベレット・M・ロジャース氏によって提唱されました。イノベーター理論では、消費者をイノベーター（革新者）、アーリーアダプター（初期採用者）、アーリーマジョリティ（前期追随者）、レイトマジョリティ（後期追随者）、ラガード（遅滞者）の5つに分類します。

そしてイノベーターとアーリーアダプターで構成される市場を「初期市場」、アーリーマジョリティ・レイトマジョリティ・ラガードで構成される市場を「メインストリーム市場」といいます。

イノベーターは最も早く商品を購入するユーザーのことで、市場全体の2・5％に該当するといわれています。常に最新の情報をチェックしていて、新しい商品やサービスに対する興味を持ちやすいユーザーであり、新しさに価値を感じ、「最先端」「革新的」などが感じられる商品を積極的に選ぶ傾向があります。

イノベーターに次いでトレンドに敏感なユーザーがアーリーアダプターです。常に情報へのアンテナを張って、新しいものに興味はありますが、実際に商品を購入する際は「新しさ」だけでなくメリットや価格も考慮して判断します。アーリーアダプターは市場全体の13・5％を占め、インフルエンサーもアーリーアダプターに該当します。

情報を収集するだけでなく自ら発信を行うため、周囲への影響力が高いといわれます。そのため、市場への影響力はイノベーターよりアーリーアダプターからの評価に左右されるといわれるのです。

次に属するアーリーマジョリティは、新しい商品やサービスへ興味はあるものの、実際に購入するかは慎重なユーザーで、市場全体の34％を占めています。購入するかどうかは慎重ですが、その反面「流行に乗り遅れたくない」と思っている人の層で、彼らはアーリーアダプターによる口コミなどによって背中を押されるといわれています。

レイトマジョリティは、新しい商品やサービスについては懐疑的で、興味をあまり持っていないユーザーです。市場全体の34％を占めていて、周囲の動向をみながら検討することから「フォロワーズ」とも呼ばれます。自分から積極的に新商品を取り入れることはありませんが、拒否感を持っているわけではないため、商品が世間に浸透しているとわかると購入します。

最後のラガードは新しい商品やサービスに興味がないユーザーのことで、市場全体の16％を占めているといわれています。興味がないだけでなく、拒否感を抱いているのが特徴で新しい商品やサービスが「伝統的」「文化的」といった位置づけになるまでは採用しない層です。

イノベーター理論はその後、さまざまに研究され、コンサルタントのジェフリー・ムーア氏が1991年に著書を著し、イノベーター理論から作り上げたキャズム理論を提唱しました。

キャズムとは「深い溝」のことで、キャズム理論は、「市場の16％を占める初期市場とメインストリーム市場のあいだには深い溝があり、この溝を乗り越えなければ商品は普及せず消えていく」とする理論です。つまり、アーリーマジョリティにまで受け入れられるかどうかが、商品普及の分岐点だということです。その理由は、アーリーアダプターとアーリーマジョリティで重視するポイントが違うこと。アーリーアダプターは商品の新しさをなによりも重視しますが、アーリーマジョリティは安心感なども求めているというのです。

これまで解説してきたフーディーは、イノベーターに位置すると考えられます。彼らはなによりも新しいものを取りに行くため商品の市場認知には重要ですが、それを浸透させるにはアーリーアダプターやアーリーマジョリティをいかに攻略できるかどうかがカギとされます。

さきほども述べたように、フーディーは「食」には異常なほどの関心はあっても、観光やショッピングはあまり重要とは思っていない人が多い。ですからフーディーの情報をきっかけとして、そこに観光や宿泊、ショッピングなど広く地方へお金が落ちるシステムを構築する戦術が必要だと私は思っています。

そのために考えるべきことは、食だけでなく、そこに付随してくる宿泊や観光などの分野をどうやって充実させるかということです。特に地方で食が充実している地域は風光明媚なところも多いと思います。

そこに素晴らしい宿泊設備や交通インフラがあれば、充実したガストロノミーツーリズムが生まれます。そして、ガストロノミーツーリズムが発展していけばさらなる富裕層が訪れるラグジュアリーツーリズムとなり得ることでしょう。

いっぽう東京や大阪などの都会の場合、食に加えてある程度の宿泊設備と交通インフラは確保されています。しかし、その情報が行き届いているとは言い難いと思います。

世界から日本への観光を目指す人々は異口同音に、日本は安全安心で衛生的であることを強調します。深夜にひとりで歩いても安全な大都市は、世界中どこを探しても東京や大阪以外にはないという声もよく聞きますし、お金の入った財布を落としても戻ってくるのは日本だけともいわれます。こうした日本の利点をもっと世界に届ける必要があると、私は思います。

第4章

デスティネーションレストランの時代

インバウンドをめぐる考察

コロナ前の観光庁の目標は、まず「インバウンド（訪日外国人数）2000万人」でした。これは2009年の「観光立国推進戦略会議」で策定され、3月に観光立国推進基本計画として閣議決定されたものです。

2020年に達成することを目標としていましたが、2009年当時のインバウンド数は700万人にも満たなかったため、当初はかなり高いハードルといわれていました。

ところが2013年に1000万人を超えてからインバウンドは急速に増加。2016年には2000万人を超えたのです。

そこで政府はあらためて「明日の日本を支える観光ビジョン」を策定し、2020年の東京オリンピックまで4000万人、2030年6000万人を目標としました。実際、2018年には3000万人を超え、このままいけば2020年4000万人は確実だろうといわれていたのです。

しかし、2019年後半からのコロナの急速な拡大で2019年は3188万人に留まり、2020年は411万人と前年に比べて87・1%減、2021年にはなんと24万人となり、2020年比でも94%減となってしまったのです。

では日本のインバウンドはこのまま廃《すた》れてしまうのでしょうか。

高級宿泊施設経営における「7・30・100」の壁

コロナ禍で世界経済全体の成長が止まったかといえばそういうわけではなく、勝ち組・負け組の格差が広がり、勝ち組は株価上昇などの恩恵から資産を倍増させ、遊興費が増えていったといわれています。

コロナによる空港封鎖という事情があるため、インバウンドが入国できないのは致し方ないところですが、2019年に2000万人を突破したアウトバウンド（日本人の海外旅行者）はコロナ禍でも実は国内でひっそりと活動していました。

日本全国で高級旅館を何軒も経営するオーナーはあるとき、私にこういいました。

「表立ってはいえないのですが、2021年度の売上はすでにコロナ前を超えているんです。それはコロナの協力金とか補助金とかのおかげではありません。富裕層は国内でこっそりとお金を使いはじめています」

この状況は世界でも同じで、コロナ禍において資産を増やした富裕層は海外旅行で消費することができないため、コロナ禍の規制をくぐって贅沢な国内旅行で消費したり、奢侈品の購入を増やしていったといいます。

事実、この数年間のあいだに沖縄にできたラグジュアリーホテルはコロナ禍でも満室だったと聞きますし、ある離島に10年以上前に建てられたホテルにいたっては、当時は1億円もしなかった土地を数十億で買いたいというアジア人からのオファーが、毎日のようにあるそうです。

前述の経営者にいわせると、高級宿泊施設経営には「7・30・100」の壁があるといいます。

1泊2食付きの高級旅館を考えたとき、どんなに設備や食事に凝ったとしても、1泊7万円以上取ることは、心理的なハードルが高いというのです。たしかに通常の日本人の感覚からいって、ふたりで15万円の宿は、よほど特別なご褒美でない限り、選びにくいと思います。

しかし、実際に日本の富裕層の行動を見ていると、いまや1泊30万円は充分とれるようになってきた、と彼はいいます。のちほど詳しく説明しますが、瀬戸内海の高級遊覧船「ガンツウ」や九州のクルーズトレイン「ななつ星」の価格を見ると、1泊30万円以上もするうえに、コロナ禍でインバウンドが来日していないにもかかわらず、予約がまったく取れない状況になっています。

さらに上を行くのがインバウンドです。彼によれば、きちんとした設備、ホスピタリティ、食事環境を整備すれば、一泊100万円でも問題なく支払ってくれるというのです。

同じように高級ホテルを運営してきた友人にこの話をぶつけたところ、

「私の感覚では、5・20・60かもしれないけれど、彼の言っている話はよくわかる」

と言っていましたから、現場にいる人の感覚として、この3つのハードルはかなり意識されているようです。

実際、2023年4月に東京・八重洲に開業した、世界で8番目のブルガリの名前を冠する高級ホテル「ブルガリホテル東京」はダイナミックプライシング（需要と供給の状況に応じて宿泊価格を変動させる制度）を採用していますが、ツインルームの最低価格は1泊1室30万円台、しかもスイートルームから予約が埋まっているといわれています。ほんの10年前には、東京だけでなく世界の先進都市にある外資系ホテルのツインルームの標準は500ドルといわれていましたから、あっという間に5倍になったわけです。

ブルガリホテル東京は、新しくできた超高層ビル「東京ミッドタウン八重洲」の40~45階を占め、イタリアの高級家具ブランドの家具を備えた客室や、ミシュラン3つ星を獲得した「鮨 行天」監修の寿司カウンター、1000㎡の広さで究極のウェルビーイング体験を楽しめる「ブルガリ スパ」などの設備を誇ります。ご祝儀価格と思われる方もいらっしゃるかもしれませんが、2017

年に開業した「アマン京都」は、いまでもハイシーズンは1室50万円以上です。

さらに２０２３年には東京・港区の麻布台にできる「麻布台ヒルズ」の中にホテル「ジャヌ東京」ができる予定です。ジャヌは、ラグジュアリーホテルのパイオニア、アマンの姉妹ブランドで世界各地で進行中のプロジェクトの中でトップを切っての開業。

客室数は１２２室。55㎡のデラックスルームから２８４㎡のザ・ジャヌスイートまであり、食においては、イタリアン、和食、中華など7つのレストラン＆バーがオープン。25ｍの温水プールやスパなどから成るウェルネス施設の面積は約４０００㎡で、東京のラグジュアリーホテルで最大級を誇る予定ですから、さらに上位の価格帯になるかもしれません。また、その先には、東京駅前にできる日本一の高さのトーチタワー上階にウルトララグジュアリーホテル「Dorchester Collection」が２０２８年に開業することが決まっています。

２０２２年後半から日本政府が打ち出した「コロナとの共存」が一般的になり、空港規制が緩やかになっている現状を鑑《かんが》みれば、今後のインバウンドの回復は急激であり、コロナ前の状況から加速度的に回復すると関係者はみています。

冒頭に上げた観光庁の入札案件「地域一体型ガストロノミーツーリズムの推進事業に係る調査業務」でも、その背景に「本事業は、訪日外国人旅行者の急速な回復の中で」と記されています。

実際、コロナ禍の最中の「コロナが落ち着いたら行きたい国」調査でも日本は1位になっています（日本政策投資銀行と日本交通公社が共同で行った「アジア・欧米豪 訪日外国人旅行者の意向調査　第2回 新型コロナ影響度 特別調査」２０２０年12月）。

これは、中国、台湾、韓国、米国、英国など12地域６０００人余りに「次に海外旅行したい国・地域」について聞いたもので、アジア、欧米豪を対象としたアンケートでも、ともに日本がトップという結果でした。やはり、日本が安全で衛生的で美味しい国であることは世界中に知れわたっているのだと思います。

しかも、コロナ禍で海外旅行に行くことができず、やむを得ず国内旅行に出かけていたアウトバウンドと呼ばれる富裕層が、国内旅行を経験した結果、日本国内の素晴らしさを知りました。そうして、あらためて国内に目を向けはじめた人々を私は数多く知っています。

２０２２年6月に英字新聞・ジャパンタイムズが主催、先述の浜田さんや本田さんが審査員を務める「Destination Restaurants 2022」の表彰式が行われました。

デスティネーションレストランとは、地方の素晴らしいレストランのこと。東京は世界一ミシュランガイドの星付きレストランの数が多い都市といわれ、東京以外でも日本の大都市にはすぐれた店がたくさんあります。ですが、この表彰は、〈「日本の風土の実像は都市よりも地方にある」と考えること、また、「地方で埋もれがちな才能の発掘を目指す」こと、「既存のセレクションとの差別化を図る」ことから、特に日本の地方にあるレストランに限定して選んだ〉もので、選考対象となるのは「東京23区と政令都市を除く」場所にある、あらゆるジャンルのレストランです。

２０２１年の第１回の表彰に選ばれた10店は以下の通りでした。そして栄えある「Destination Restaurant of the Year 2021」には富山県にあるオーベルジュ「L'evo〈レヴォ〉」が選ばれました。

L'evo〈レヴォ〉（富山県）
チミケップホテル（北海道）
日本料理 たかむら（秋田県）
とおの屋 要（岩手県）
Restaurant Uozen〈レストラン ウオゼン〉（新潟県）
片折（石川県）
すし処めくみ（石川県）
日本料理 柚木元（長野県）

Pesceco〈ペシコ〉（長崎県）
Restaurant Etat d'esprit〈レストラン エタデスプリ〉（沖縄県）

２０２２年の第2回の表彰に選ばれた10店は以下の通り。この年の「Destination Restaurant of the Year 2022」には、和歌山県のイタリア料理店「ヴィラ アイーダ」が選ばれています。

ヴィラ アイーダ（和歌山県）
余市 SAGRA〈サグラ〉（北海道）
山菜料理 出羽屋（秋田県）
ドンブラボー（東京都調布市）
北じま（神奈川県鎌倉市）
里山十帖（新潟県）
ラトリエ・ドゥ・ノト（石川県）
茶懐石 温石（静岡県）
AKAI〈アカイ〉（広島県）
ヴィッラ デル ニード（長崎県）

私が実際に訪れたことがあるレストランは、残念ながら半分にも満たないですが、いまや、世界のフーディーのみならず、日本の富裕層も全国の美食に関心を持っているのです。

コロナ禍以前に考えられた地方の開発計画も、当初は縮小を考えた時期もあったようですが、アフターコロナの観光事業の増加を見込んでビフォアコロナ以上の熱量を持って動き出しています。

今後は、フーディーが発見した美食を核にして地方を盛り上げることが、地方創生の一番成功する方法になるはずだと私は思っています。

インバウドや富裕層を取り込んだニセコ町の成功要因

コロナ以前にインバウンドや富裕層を取り込んで成功した地方といえば、誰もが北海道のニセコを思い出すでしょう。

北海道ニセコ町《ちょう》の「ニセコ町統計資料　訪日外国人宿泊客数」によると、２０１２年から訪日外国人観光客数は増加し続け、２０１６年にはついに10万人以上のインバウンドがニセコ町に宿泊しました。しかも外国人は長期滞在をするため、ひとり当たりの経済効果が高いのです。

しかもニセコの勢いはコロナ禍になっても失われていません。世界的な高級ホテルのパークハイアットやリッツ・カールトンが開業し、大盛況ですし、先述のアマングループも２０２６年開業を目指して建設中です。

外資系だけでなく、国内のデベロッパーも健闘しています。たとえば三井不動産は、スキー場に直結する約490ヘクタールにもおよぶ一大リゾート「HINODE HILLS Niseko Village」を開発。世界10か国においてリゾート、ホテル、ブティックホテルを運営する「YTL HOTELS」と提携して、レジデンシャルホテルの分譲を開始しています。

『なぜニセコだけが世界リゾートになったのか』（高橋克英著　講談社＋α新書）によると、ニセコが成功した理由は、観光による一時的な「消費」より、海外富裕層による長期にわたる「投資」先としておカネが集まったことだと言います。政治的に安定した日本の円建て不動産は、アジア系富裕層にとって安心銘柄で、リターンもいいため、ホテルコンドミニアムは億単位でも飛ぶように売れているというのです。

さらにいえば、ニセコの成功は「選択と集中」を決めたこと。一般的な地方創生策は、B級グルメから高級温泉旅館まで全方位戦略が多いのですが、ニセコは「パウダースノー」をキラーコンテンツと定め、ターゲットをスキーが好きなインバウンドと富裕層に絞り込んでいるわけです。

そう分析すると、「ニセコはパウダースノーや景観というキラーコンテンツを持っているからこそできる稀有《けう》な例じゃないか。日本のほかの地方では、この方法は当てはまらないだろう」という批判の声が聞こえてきそうですが、そもそもすべての地方が一律に観光資源で成長していくのは無理だと高橋氏はいいます。

地方の発展とは、ニセコのパウダースノーのような原石となる可能性のものを発見し、それを磨きこむことです。そこまでやってはじめて、観光を発展させることができるのです。その原石を発見しようともせず、古くからそこにあったり、美味しいといわれているものだけを無造作に取り上げても、地方を発展させることはできないというのです。

私も高橋氏の主張に首肯《しゅこう》します。たしかにニセコはパウダースノーが素晴らしいスキー場ですが、同じようなレベルの雪質を持つスキー場は、日本中にはいくつもあるでしょう。しかもニセコを最初に開発したのは西武でしたが、彼らはそれを活かすことができずに撤退し、そこを引き継いだ外資系が成功したわけです。

ということはパウダースノーだけがニセコの成功要因ではないのです。

パウダースノーを効果的にPRし、さらに投資をしっかりと行うことでインバウンドの富裕層にアピールしていったことがニセコの成功の秘訣でしょう。もちろん、食事が美味しいことは必要条件でしょうが、ニセコにおいてはそれが一番の必要条件だったわけではないと思います。

そこで、ニセコの「パウダースノー」を「美食」に変えて成功しようじゃないかというのが私の考えなのです。本書では今後、そのさまざまな例を示していきますが、充分成功する可能性を持つと私は信じています。

私の友人に札幌出身者がいますが、彼の同級生でニセコに広大な農地を持っていた者がいるそうです。その同級生は現在、一部の不動産を売ることで悠々自適な生活を送っているのだといいます。友人は羨ましそうに話していましたが、これは、地域が活性化することで、そこに住んでいる住民も潤うという、いい例だと思います。

つまり「美食」「インバウンド」という単語を複合的に使った「ガストロノミーツーリズム」、そして、そこに「富裕層」という単語も加えた「ラグジュアリーツーリズム」を発達させることで、地方を蘇らせたいと私は思うのです。

ただし、先に述べたように、どんな自治体でもこの3つの単語を使えば発展させていくことができるのかといえば、それはむずかしいと思います。発展可能性が最もあるところに優先順位をつけ、最優先の地域を発展させていくことによって、そこから徐々に周囲に果実を行きわたらせることが重要だと私は思うのです。

「富裕層ばかりが旅行するわけじゃない。彼らを優先させるのは差別的な考え方じゃないか」という反論もあるでしょう。

しかし、これは、すべての地方を一律に成長させるのが無理なように、すべての階層に旅行の魅力を平等に与えることは現実的には無理だとしか、いいようはありません。

ここ数年、ガストロノミーツーリズムという単語がひとり歩きし、さまざまな地方自治体が調査を行っています。たとえば国連世界観光機関（UNWTO）と公益社団法人日本観光振興協会、株式会社ぐるなびが2017年に行った調査によれば、ガストロノミーツーリズムに関して、すでに20近い調査報告が全国で行われています。

しかし、これらの報告をみると、古くからある食を使って地域全体を発展するにはどうしたらいいか、という観点のものがほとんどです。極端にいえば「おらが村のレンコンや干し芋はうまいから、それをアピールすれば観光客は来るに違いない」という考え方です。

たしかに、その地域のレンコンや干し芋はうまいかもしれませんが、きっとほかの地方のレンコンや干し芋も同じくらいうまいのです。ということは、圧倒的にうまい、突き抜けるくらいのレンコンや干し芋を作らないと、フーディーたちはその土地には行ってくれません。

「うちのコシヒカリはうまい」だってそうです。きっとうまいのでしょうが、日本はお米の国ですから、日本全国にうまい米は存在し、圧倒的な差別化はむずかしい。米で町おこしをすることが不可能だと私が思っている所以です。

「町おこし」という単語が出たのでちょっと説明を加えたいと思います。町おこしは、地元の活気を取り戻すための取り組みとして重要なテーマですが、たいがいは商工会や農協といった地元の団体や、地域住民が中心となって取り組まれることが多い。彼らは、どうしてもその町にいるすべての人を幸せにするためにはどうしたらいいかという観点から町おこしに取り組みがちです。

それで成功すれば素晴らしいことですが、実際そうはいかず、税金を使って残念な結果に終わることが多いように私は思います。

つまり、町おこしの予算が5000万円だとして、それを100万円ずつ50か所に使うといった例です。地域の誰に対しても公平かもしれませんが、1か所100万円ではどこも充分な成長をさせることができず、死に金になってしまうという結果に終わる可能性が高いと思うのです。

それよりも、厳選した原石である1か所に5000万円を投入し、そこを成長させることで、周囲にもいい影響を与えようというのが、私の考えていることです。

これまでの町おこしは、ある意味で社会主義的な考え方が通りやすい日本においては気持ちのいい方法ではありますが、これを何度行ったとしても、すべての地方が均等に進歩することは無理だと思います。

実際、政府もすでに、私の考える方向に舵を切っています。

岸田文雄総理は新型コロナ対応の水際対策が大幅に緩和された2022年10月の「所信表明演

説」で、訪日外国人旅行消費額について年間5兆円超を目指すと明言しました。

　それを受けて観光庁もインバウンドの回復に向けた政策パッケージ「高付加価値旅行者の誘客促進」を発表しました。ここでいう「高付加価値旅行者」は、これまで述べていた「富裕層旅行者」と読み替えていただいてかまいません。つまり、富裕層を積極的に日本に呼び込むことを正式に表明したのです。

　その背景として、コロナ禍前の2019年の統計では、富裕層旅行者の数は外国人旅行者全体の約1％（30万人）に過ぎないのに、消費額では約11・5％（5523億円）を占めているという事実があります。

　さらに、せっかく富裕層旅行客が日本を訪れても、東京76・7％、大阪32・7％など3大都市圏ばかりで、それ以外のほとんどの地域には訪れていないという、観光庁の調査もありました。

　それに従い、観光庁は「地方における高付加価値なインバウンド観光地づくり検討委員会（以下、検討委員会）」を設置しました。地域の豊かな自然や文化芸術等の強みを活かし、高付加価値な体験型観光への関心と消費意欲が高い旅行者の地方部への誘致を拡大、地域の活性化や雇用・所得の増加、日本全体の観光消費額の効果的な拡大に取り組む検討を進めたのです。ちなみにこれは、コロナ禍の前に行われた「上質なインバウンド観光サービス創出に向けた観光戦略検討委員会」を継承するものです。

委員には、デービッド・アトキンソン（株式会社小西美術工藝社 代表取締役社長）、阿部佳レ・クレドールインターナショナル 名誉会員）、近衛忠大（株式会社 curioswitch 代表取締役）、山田理絵 Urban Cabin Institute ハイエンド・ブランディング・プロデューサー）といった、富裕層ブランディングの専門家を指名しました。

検討委員会は、ウリ（高付加価値旅行層への訴求。力のある魅力的コンテンツの発掘力・商品造成力の不足）、ヤド（地方に上質なインバウンド宿泊施設が不足）、ヒト（高付加価値旅行層のニーズを満たす人材が不足）、コネ（海外における有力な高付加価値旅行者誘客人脈へのコネクション力不足）という4つの問題を指摘し、「各地域の観光地経営体制の整備に向けた支援」「地域のマスタープラン策定支援」「専門性のある人材の派遣・ノウハウ共有」「事業資金の確保に対する支援」「スキルアップ支援・他業種人材の活用支援」「日本政府観光局の体制強化（専門組織の設置等）による海外セールスの強化等」を求めました。

さらには、高付加価値旅行層のニーズを踏まえた移動のシームレス化への対応のための手段として、プライベートジェットやスーパーヨットの運航に係る手続緩和等まで記されています。

今後の進め方についても議論しています。検討委員会は2022年度までに全国10カ所程度のモデル観光地を決定し、2023年度以降から施策を集中的に実施するとしています。

最終答申の「地方における高付加価値なインバウンド観光地づくりに向けたアクションプラン」は、このように結ばれています。

〈コロナ後を見据えた世界的なインバウンド獲得競争は既に始まっている。今後、本アクションプランを受けて、国・地域、官・民の全ての関係者が一致した認識のもと、地方における高付加価値なインバウンド観光地づくりに向けた取組を加速させ、出来る限り早期に目に見える具体的な成果が生み出されることを切に期待するものである。〉

その方向性から出たのが、２０２２年8月に公募された「富裕層向けのモデル観光地（国内）」です。検討委員会の答申と重複しますが、公募では、以下のことを要件としています。

(1)　世界的価値となり得る地域資源の候補が存在すること。

(2)　高付加価値なインバウンド観光地づくりに向けたビジョンが地域の広範な関係者の間で共有されており、ヤドの整備、ウリの発掘・地域の滞在価値向上等の高付加価値化の取組を総合的に推進する体制の構築に向けた機運が醸成されていること。

(3)　既存の観光地づくり関連施策が実施されている地域（又は、それらの地域が周辺に存在する地域）であり、当該施策の効果が最大化されるよう連携が図られようとしていること。

最終答申でも、外国籍プライベートジェット機の乗り入れ申請手続きの簡素化、スーパーヨットでの長期滞在の環境整備、空飛ぶクルマの環境整備などの検討に触れています。検討委員会の課題だけでなく、最終答申でプライベートジェットやスーパーヨットといった単語が出ていることに私は正直なところ、驚きました。しかし、それくらい日本は「富裕層旅行」に比重がかかっているということだと実感しました。

2023年3月末に観光庁は11のモデル観光地を選定しました。選ばれたのは以下の地域です。

・手つかずの大自然が残る「東北海道エリア」
・数千年前の日本文化が残る「八幡平エリア」
・日本有数の扇状地と街道が育んだ生活文化の「那須及び周辺地域エリア」
・日本の尾根で自然や歴史・文化と共生する「松本・高山エリア」
・霊峰白山の恵みが育んだ多様な文化がある「北陸エリア」
・神道の聖地・伊勢神宮を核とする参拝文化の「伊勢志摩及び周辺地域エリア」
・巡礼と暮らしが共存する「奈良南部・和歌山那智勝浦エリア」
・多島の美と暮らしやアートが融合する「せとうちエリア」
・日本の神話の「鳥取・島根エリア」
・世界有数の火山と信仰・営みが調和した「鹿児島・阿蘇・雲仙エリア」
・琉球の精神性と自然環境、ウェルビーイングの「沖縄・奄美エリア」

斉藤鉄夫国土交通大臣は、1回の旅行で100万円以上を消費する富裕層を地方に呼び込む「モデル観光地」に、複数年にわたり、事業資金の調達、高級宿泊施設・体験ツアーの開発に詳しい専門家の派遣、観光ガイドの人材育成、情報発信の方法などを支援するとしました。また、山形、佐渡、山梨富士山麓エリアを継続検討地域としています。

私はこの発表を知って、県をまたいだ広域エリアで決まったことに驚きました。富裕層誘致に積極的な地方自治体はそれぞれの県ごとにエリアを決めて申請したと聞いていたからです。ある地方自治体幹部は私に「広域になって残念だ」と語りました。その気持ちはよくわかりますが、私が驚いたのは逆で、観光庁の考え方が私に近かったからです。

当たり前ですが、県ごとという考え方はインバウンドには通用しません。長い日数をかけて旅をする彼らにとっては、広域な観光地域の充実が必要なことは明らかだからです。

そして、モデルとして選ばれた観光地をコンサルティングするためにはじまったのが、前述の「地域一体型ガストロノミーツーリズムの推進事業に係る調査業務」です。

思い起こせば、コロナ禍初期に政府が行った「Go To トラベルキャンペーン」自体が、まさに富裕層を対象にしたキャンペーンでした。

社会派ブロガーで紀行文筆家のちきりんさんは、２０２０年7月17日付のブログ「Chikirin の日記」で「Go To キャンペーン大混乱について」を書いています。これは当時、賛否両論を巻き起こした内容でしたが、私自身は、なぜいまこのキャンペーンをしなくてはいけないかがよくわかったので、その内容をもとに解説してみます。

このブログの中で彼女は、Go To トラベルキャンペーンをする理由について、観光業が日本の基幹産業のひとつであり、特に地方においては重要。そして東京のホテルと違って地方旅館が破綻したら再生される施設はごくわずかであり、大半が潰れれば、観光地としては成り立たなくなってしまうからだと言います。

そして、「時間とお金に余裕のある人しかできない旅行をなぜ、税金で支援する必要があるのか?」との問いには、今回のキャンペーンの目的はそもそも「お金に余裕のある人の貯金を使って、地方で死にそうな旅館を救おう」というものだというのです。つまり、

〈(残念ながら)「少しくらい補助があっても、旅行なんてとてもできない経済状況の人」は関係ありません〉

と解説するのです。

彼女が指摘するまでもなく、「観光」とはそもそもお金に余裕がある人が行う経済行動です。政府もようやく腹をくくり、そこに焦点を絞ることが日本を復活させる早道だと考えたのでしょう。

私もそうした方向性を磨き上げることがガストロノミーツーリズムであり、その先にある富裕層を対象としたラグジュアリーツーリズムであると思います。

第5章

飲食店と「食メディア」の昨日・今日・明日

ここでいったん時計の針を巻き戻し、ガストロノミーツーリズムの核となる日本の外食の歴史を紐解いてみたいと思います。

というのも、日本の外食がたどってきた歴史を知ると、日本、特に東京は50年以上前から「美食の都」として屹立《きつりつ》していたことがわかります。「食」で日本を盛り上げるという発想は、けっして最近のものではないのです。

一般的に、日本の外食産業が発展していったのは1960年代からといわれています。

神武景気のスタートした1955年からといわれる高度経済成長期は、56年の経済白書の結語「もはや『戦後』ではない」に象徴されるように、戦後の日本経済の急速な回復が人々を鼓舞させました。

1960年12月に池田勇人首相は、実質国民総生産を10年以内に2倍にする「所得倍増計画」を打ち出し、人口も世帯収入も右肩上がりになりました。

日本人に、日々の生活に追われるだけではなく、週末を楽しむ余裕が生まれてきたのがこの頃です。そうした生活から生まれたのが外食の習慣なのです。

外食産業の歴史は、福岡でフランス料理のレストランやパン屋を開業した江頭《えがしら》匡一《きょういち》氏の「ロイヤル」が、セントラルキッチンを開始したあたりからはじまるといわれます。

１９７０年の大阪万博でロイヤルはセントラルキッチンで作った食品を大阪に運び、ステーキハウスを営業。万博開催期間中、２億円を超える売上高で、出店した各国のレストランを抑えて１位になったといわれます。

同じ１９７０年には東京都下に、のちにファミリーレストラン（以下ファミレス）の第１号といわれる「すかいらーく」が誕生しています。国立市で食品スーパーを経営していた横川４兄弟がアメリカを視察し、そこで見たコーヒーショップから、郊外型のファミリーが気楽に訪れることができるレストランの着想を得たわけです。ロイヤルも翌71年に北九州市に「ロイヤルホスト」１号店をオープンしています。

高度成長期とはいわれても、この頃の住宅は東京の多摩ニュータウンに代表されるような公団住宅のように広くはなく、キッチンも贅沢な料理をするようには作られていませんでした。ですから、自宅で食べられる料理には限界がありました。

そんな状況の中、しかもモータリゼーションの進歩も手伝って、ファミレスは「たまには郊外に車で出かけて、家では食べられないピザやハンバーグなど外食を楽しむ家族」の増加を後押ししたのです。

高度成長期のずっと前から美食都市だった東京

しかし日本には、ファミレスを楽しむようになった一般庶民とは別に、ずっと昔から「外食」を楽しむ層が存在していたことは、あまり知られていないのではないでしょうか。実は日本人は高度成長期のずっと前から、「美食」を楽しむ国民だったのです。

1965年に上梓された『食いもの旅行』（文藝春秋新社）で、著者の狩野近雄《かのうちかお》（当時スポーツニッポン新聞社長）氏は東京について、世界中の料理が食べられる「食都東京」という名称を使っています。それに先立つ1955年には、日本のタウン誌（地域の食や観光情報の発信誌）の草分け的存在である「銀座百点」が創刊されています。その背景には、もともと日本の食文化は西高東低だったのですが、政治経済の中心が東京に移ってきたことから、東京の力が文化においても高まってきたことがあると思われます。

日本料理でいえば、昭和初期に、これまで大阪にあった「本店浜作」や「出井本店」「梅本」「新《しん》太炉《たろ》」などの関西割烹が東京に進出。宴会料理中心の江戸料理から、カウンターで旨いものを好きに食べられる板前割烹、喰い切り割烹の楽しさが広まってきました。

さらに、そうした割烹で修業して独立したり、関西からやってきた料理人たちが、戦後の東京の日本料理を形づくっていきました。京都裏千家ご用達の仕出し屋からはじまった「辻留」の辻義一《つじよしかず》さん、西園寺公望《さいおんじきんもち》のお抱え料理人だった父親を持ち、京都で修業したのちに東京に店を出した「京味」の西健一郎さんなどが代表例ですが、そのほかにも戦前に陶芸家であり、美食家と呼ばれた北《きた》大路魯山人《おおじろさんじん》が作った美食倶楽部「星岡茶寮」の流れを汲んだ店も出てきました。いまもある銀座「割烹中嶋」や、かつて一世を風靡した「銀茶寮」といった店が星岡茶寮の修業店です。

いっぽう、フランス料理は明治時代からはじまります。肉食解禁や欧米視察によって西洋料理への需要が高まり、東京・築地に「築地精養軒」ができたことにより、政府や皇室主催の晩餐会はフランス料理主体となっていったのです。

こうした経緯から、フランス料理は日本において「権力の象徴」のような存在となりました。「天皇の料理番」として知られ、ヨーロッパの一流ホテルで修業したのちに宮内省初代主厨長となった秋山徳蔵さんは、日本の最初のスターシェフといえるでしょう。スターシェフといえば、1950年代にテレビの普及とともに大人気になった帝国ホテルの村上信夫総料理長、ホテル・オークラの小野正吉総料理長も、フランス料理人気を高める原動力となりました。

さらにいえば、戦後のミシュランの３つ星、２つ星をすべて食べ歩き、読売新聞記者をやめて１９６０年に辻調理師学校を設立。「僕は料理界の東大へ行く」のＣＭで有名になり、多くの料理人を世に送り出した辻静雄さんの存在も大きいでしょう。

こうした高級フランス料理の象徴ともいえるものが、１９６６年に銀座に開店した「マキシム・ド・パリ」です。経営者はソニーの盛田昭夫副社長（当時）で、フランスと温度差のない料理が日本人によってはじめてできたのです。

いっぽう、もともと太平洋戦争の影響で餃子やラーメンなどの庶民的な料理から普及した中国料理は、戦後に国交が断絶したことによって、本格的な料理の輸入はいったん止まったといわれています。しかし、中国から逃れてきた日本華僑や香港華僑の努力によって、西新橋や田村町を中心に高級中国料理が普及しはじめます。１９６０年にできた「リンリンラン留園」のＣＭで有名な「留園」をはじめとして「四川飯店」「中国飯店」といった大型中国料理店ができてきたのです。

１９６７年に創刊され、２０１６年まで続いた『東京いい店うまい店』（文藝春秋刊）を見てみると、１９６７年時点でフランス料理は15軒、中国料理は27軒あります。それ以外でも、イタリア料理、ドイツ料理、スペイン料理、ステーキ、ハンガリア料理、朝鮮料理、インド料理、中国イスラム料理などが掲載されているのです。すでに東京は、世界中の料理が食べられる美食都市だったことがわかるでしょう。

同書のまえがきには、このように書かれています。

〈まさに東京こそ世界の食都です。

食べもの屋、レストランの数からいっても、世界一であるだけではなく、せまいながらもこの日本の各地の食べもので名物といわれるものは、ほとんど、東京で食べられるし、世界各国の料理も一応以上に、味わうことができます。〉

ミシュランガイド東京版が、2007年にアジアではじめて刊行されたとき、3つ星は8、2つ星は25、1つ星は117店が選ばれました。ガイド編集の総責任者のジャン・リュック・ナレさんは、こう語りました。

〈「掲載されたすべての店に星がついたのは世界初。調査をするうちに、東京にはすばらしい店がたくさんあることが分かり、しかるべき結果となった。東京は、世界一の美食の町だった。特に日本料理には敬意を評し、6割選んだ。すばらしいセレクションができたと思う」と話した。〉

（Asahi.com 2007／11／19より）

しかし、これまで私が語ってきたように、東京はその40年前からとっくに世界一の美食都市だったのです。

ただ、その美食の恩恵にあずかれたのは限られた層だけだったといっていいでしょう。

前出・狩野近雄氏の著書『好食一代』（三月書房）は、「銀座百点」に連載された食対談をもとにした随筆集ですが、ここに掲載された対談相手は、團伊玖磨、檀一雄、藤原義江、坂東三津五郎、池田弥三郎といった文化人の名前ばかりが並びます。

狩野氏によると、政界の美食家は鳩山一郎、芦田均、江田三郎、財界では中山素平《なかやまそへい》、伊藤忠兵衛といった面々だそうですが、いずれも庶民とはほど遠い存在です。

ところが、ミシュランガイドが「発見」するまでの40年間で、美食体験ができる人々は変化していきました。わかりやすくいえば限られた層から一般人に広がっていったわけです。その移り変わりがはじまったのも、外食産業が発展していった１９７０年代からだと私は考えています。

ひとつのきっかけは、東京にビストロができはじめたことでした。

ビストロとは、フランス語で「誰でも気軽に利用できるレストラン」を表す言葉ですが、日本でいえば居酒屋のような業態と考えればいいでしょう。それまでは限られた層だけが行く高級フランス料理店しかなかった東京に、ちょっと背伸びすれば行くことができるビストロが少しずつ広がっていったのです。

ビストロ第1号は、1969年にできた西麻布「シェ・フィガロ」といわれますが、同年に少し遅れて渋谷「シェ・ジャニー」が、1971年には青山「イル・ド・フランス」、1973年には西麻布「ビストロ・ド・ラ・シテ」ができ、フランス料理の大衆化の先鞭をつけました。

先述した青山「ポコ・ア・ポコ」の常連で、私にフランス料理の基礎を教えてくれた先輩（銀座のフランス料理店の経営者でした）は、シェ・ジャニーが好きで、毎日のように通っていたと話してくれたのを覚えています。シェ・ジャニーのオーナーシェフである春田光治さんは「ジャニー」と呼ばれ、1940年生まれです。慶應義塾大学卒業後にフレンチを独学で勉強し、渡仏。その後はスイスやベトナムの日本大使館の公邸料理人として腕をふるい、帰国してシェ・ジャニーを立ち上げました。

東京の店には多くの有名人が訪れたそうですが、彼は「東京の客はフランス料理がわかっていない」と悩み、1987年に岩手県の安比《あっぴ》高原へ移転。2015年には盛岡へと移っています。

2020年に亡くなりましたが、私は東京の店には行っていないものの、安比高原と盛岡でジャニーさんの料理を食べています。彼の作った子羊の挽肉とナスのムサカや、牛ハチノスの煮込みはことのほか美味しかったことを記憶しています。

1981年刊行の『レストラン・シェ・ジャニー シェフ春田光治　魅惑の南仏料理』（中央公論

社）で春田さんはこう書いています。
〈私が店をはじめた頃にはホテルのような大きいところを別にすれば、フランス料理を専門に食べられる店は私の店を入れて東京に数軒ぐらいしかありませんでした。
私はそんな頃から、普通のフランス人だったらめったに食べられない高級料理や見かけだけの派手な宴会料理よりも、実際においしい家庭的なものを中心にした料理を心掛けてきましたが、いまもその考えは変っておりません。（中略・料理の基本は）良い材料を選び、材料にどこまで火を通すのか？　どれだけ塩を入れるのか？　こんなあたりまえに思えるところが大切なんだということです。〉
まさにこれがビストロ料理の神髄といえるでしょう。

イタリア料理の大衆化は、それから10年ほど遅れます。

１９６０年に東京飯倉にできた「キャンティ本店」のように、当初は作家や映画人、文化人など東京のスノッブに愛される料理として発達していったイタリア料理ですが、そのいっぽうでピザやスパゲッティなど単品料理が独自に発達していきました。

わかりやすい例が和風スパゲッティ専門店「壁の穴」です。１９６３年、渋谷区宇田川町にカウンター席15席の店としてスタート。「たらこスパゲティ」や「納豆スパゲティ」など、ここで開発された日本の食材を使った独自のメニューが評判を呼んだことから「和風スパゲティの元祖」と呼ばれています。

ピザの元祖は六本木「ニコラス」といわれます。創業者ニコラス・ビンセント・ザペッティさんが１９５４年に六本木で開業したのですが、ホームページなどに書かれた歴史によると、本場のイタリア料理というより、アメリカ・イタリアンで、ピザもニューヨーク風と評されることが多かったようです。イタリア的「ピッツァ」とは一線を画した味だったようですが、そのほうが当時の日本人には受けいれられたのでしょう。

本格的なイタリア料理がブレイクしたのは、は１９８０年代のバブルの時代です。ひとつのきっかけは、「イタリアントマト」というカジュアルイタリアンのフランチャイズ展開でした。

第１号店ができたのは１９７８年ですが、81年からフランチャイズを開始。「イタトマ」という愛称で愛され、１９８５年には１３０店舗以上となったのです。スパゲッティやホームメイドケーキ、カプレーゼなどが人気で、ファミレスとは別の意味で、イタリア料理普及の底支えをしたといえるでしょう。

そうした素地があったところから出てきたのが本格的なイタリア料理ブーム。１９８５年にできて、初期のブームを支えた原宿「バスタパスタ」は、ダイニングの中央にキッチンがあり、料理人が調理する過程がすべて見えた斬新なデザインのレストランでした。

いまでこそオープンキッチンは当たり前ですが、当時は衝撃的で、メディアはこぞって取り上げました。そうした店でありながら、フランス料理よりリーズナブルということもあって一気に火が付き、イタリア料理ブームを牽引したのです。

私もずいぶん訪れましたが、中央のキッチンにいるシェフたちが仕事をしているのを眺めながら「いま切っているあの肉が僕らのテーブルに来るんじゃないかな」などと話すのが楽しみでした。

また、テーブルに敷かれていたのは模造紙のようなもので、会計を頼むと、その模造紙に頼んだ料理の会計が直に書かれたのも新鮮でした。そういうちょっとした工夫もおしゃれに思われた時代だったということでしょう。残念ながら2000年に閉店しましたが、ニューヨーク店はその後も営業しています。

バスタパスタと並んで中心的役割を果たしたのが、「ボナセーラ!」というイタリア語のあいさつで迎えられるため、一部ではボナセーラ系イタリアンといわれた「イル・ボッカローネ」や「ラ・ビスボッチャ」です。

これらはバスタパスタよりもイタリア郷土料理系で、直径50センチくらいの巨大なパルミジャーノチーズを半分に割り、中をくり抜きながら作るチーズリゾットが名物でした。

その後の変遷をたどっていくと日本ではいまや、フランス料理よりイタリア料理のほうが一般的です。「日本人と同じようにパスタ（炭水化物）がメニューにあるからだ」などと解説されることが多いですが、私はソースをあまり使わず、食材の味を大切にした素朴な料理が多いからだと思っています。とはいえ、最先端の料理の世界ではフランス料理もイタリア料理もいまや、同じようなジャンルになっています。

時《とき》はバブル。バブルの定義は１９８６年からとされますが、その前後から空前の消費ブームが訪れ、その波は食文化・グルメブームに向かいました。

先述したように、東京はかねてから食の都ではありましたが、これまで美味しい飲食店がどこにあるのかはマスコミ情報に頼るしかありませんでした。しかもテレビもまだ全世帯には普及していなく、グルメ番組もいまほど放送していなかったので、頼るのは活字だったというわけです。

私の手元にある古いグルメガイドを見てみると、すでに１９６０年には『東京食べあるき』（中屋金一郎編著）が出版されていますし、『味のしにせ』（読売新聞くらしの案内編者　１９６１年刊）、『東京いい店うまい店』（文藝春秋編　１９６７年刊）、『東京うまい店』（柴田書店編　１９６９年刊）といったものが続きます。

当時のグルメ本の特色は、文化人やマスコミといった、読者が「この人がいうなら信用できる」という有名人が店を紹介する形をとっていることでした。

『東京いい店うまい店』を例にとると、池部良、犬養道子、永六輔、江上トミなどの有名人の推薦、料理本出版で有名な柴田書店の『東京うまい店』は匿名の「十人の美食家」が選んでいます。

その時代、普通の人が情報を収集して「美味しい店」にたどり着くことは、ほぼ不可能でした。だから、毎晩美味しいものを食べているだろうと想像できる、華やかな有名人がいうなら信用できると思われていたのでしょう。

雑誌が食文化をリードした頃、そして料理評論家の登場

それに続く１９７０年代は雑誌が文化を引っ張った時代でもあり、週刊誌がこぞって「グルメ」を取り上げはじめました。

たとえば「食通が推薦した味自慢の店」（週刊女性）、「東京で食べられる世界の味」（週刊平凡）、浅草のにおいが漂う銀座の一角　安いメシ屋」（週刊文春）など、これらも有名人が指南したり、編集部が食べ歩きしたものばかりです。

最先端女性誌として教祖的存在だった「アンアン」や「ノンノ」は１９７０年代初頭に相次いで創刊されましたが、有名人にフランスやイタリアの食を語らせ、「パリの誇る最高の味」「日本で味わえる世界の料理大特集」など、海外の憧れの味を紹介していきました。こうした活字の特集を通じ、日本人は美食への興味を広げていったのです。

しかし、有名人・マスコミ偏重主義に「王様は裸だ。有名人やマスコミだからといって美味しいものをわかっているわけじゃない」と一石を投じた人物が現れました。1982年に『東京味のグランプリ』（講談社刊）を引っ提げて世に出た山本益博さんです。

山本さんは、料理評論家というジャンルを新しく開拓した人であり、いまでも「益博以前、益博以後」といわれるほど、グルメ業界を一変させたのです。

これまでのガイドは、マスコミや有名人がどんな基準で選んだのか、選定の経緯がわからなかったのですが、山本さんは選定基準と味の評価基準を明らかにして200店を選び、格付けするという、当時はまだ、誰もやったことがないことを行いました。

そのとき、山本さんは34歳。

〈ガイドブックは単なる紹介による情報紹介だけでなくひとつの主張をつらぬく使命があると考えるからです。〉（『東京味のグランプリ』より）

という決意のもとに、「有名人やマスコミが推薦しているからといって、すべておいしい店であるわけではない」として、これまでのグルメガイドで好意的だった店をばっさりと切り捨てたのです。

〈（寿司につける）甘いツメなどコクのないドロミがついていてとてもいただけない。〉

〈（そば）つゆはそば湯を加えても飲めた代物ではなかった。〉

〈こんなまずい動物のえさのような豆のてんぷら〉（いずれも『東京味のグランプリ』より）

など、この本には、いま読んでも散々な言い回しの批評が並んだのですが、これまでのガイドが褒め言葉しか書いていなかっただけに、とても斬新な内容でした。

私も同時代にこの本を読みましたが、かつて美味しいと思っていた店が全否定されていたり、知らなかった店が評価されているのを驚きながら読んだのを覚えています。

「すきやばし次郎」「みかわ」といったいまは神格化されている名店も、私はこの本を読んではじめて知りました。どちらの店も先行するグルメガイドで取り上げられていたとはいえ、けっして高評価ではありませんでした。しかし山本さんはきちんとした基準をもって評価したのです。

山本さんは翌１９８３年、フランス料理に特化した評価ガイド『グルマン』（当時ＴＢＳに勤務していたフランス料理評論家の見田盛夫さんとの共著、新潮社刊。のちに匿名著者となり、駸々堂出版刊に移管）を上梓しました。こちらでも山本、見田のおふたりは、かなり辛辣に実名批評をしています。

〈あるガイドブックは『料理は東京で求めうるフランス料理中の一流といえよう』と書いてある。確かにキャビア、フォアグラ、トリュフなど高価で贅沢な材料を、さまざまな料理にふんだんに使っている。しかしそれは材料が一流（？）なのであって、それを使ってつくった料理が一流かどう

かは別の問題である。（中略）
酷評するようだが、すべての内臓に火が通り過ぎていた。リドヴォーはゴムと化し、一緒に入っていた腎臓はコリコリでなくなり、フォアグラはパサパサになっていた。いったいあの芳醇な脂肪が抜けたフォアグラに、どんな意味があるというのか。〉
〈ソースはたいしたことはないので、なるべく単純な調理のものを召し上がることをおすすめする。〉
〈最後に、カウンター内の料理人に忠告したいのだが、作り置きソースの中に、味見した匙をそのまま戻さないほうがいい。二度見てしまった。客は君の唾液を食べることになる。〉
〈給仕人の不勉強もおそるべきもので、何を尋ねても答えられず、反対に質問される始末だった。〉（いずれも『グルマン』１９８４年版　新潮社より）
このように、都内のフランス料理店を実名で辛口評価。見田さんは当時サラリーマンだったため、あまり表には出ませんでしたが、山本さんはこれらをきっかけに料理評論家として名前を知られるようになり、テレビからも引っ張りだこでした。
なにしろ実名ですから、厳しい評価を下された店、槍玉に挙げられたマスコミからは反発も多かったと聞きますが、評価基準がしっかりしているだけに既存のグルメガイドも戦略の建て直しを余儀なくされます。

たとえば『東京いい店うまい店』は、かつては食通の有名人からの推薦で決めていたものを匿名の美食探偵が東京中を食べ歩いて選考する形に変えました。つまり、既存の権威だけで料理店を評価するというシステムが否定されたことを素直に認め、評価システムを一変したのです。

同時期、漫画の世界でも同じような偶像破壊が行われました。「美味しんぼ」の登場です（1983年から「ビックコミックスピリッツ」誌で連載開始）。

美味しんぼは、「究極のメニュー」作りを命じられた東西新聞の記者がさまざまな確執を乗りこえ、メニュー内容を決めていくというものですが、これまでの料理や食材の常識が毎回覆され、客がこれまでいかに「名前」で食べていたのかが白日の下にさらされる漫画でした。

連載当時から話題でしたが、1985年から単行本化されると、翌年に「究極」が流行語大賞になるなど、大ブームになったのです。

その後もグルメマンガはコミック界のひとつの潮流となり、『クッキングパパ』『味いちもんめ』『ミスター味っ子』など、さまざまな名作が誕生しました。

そして、こうした書物の影響を受け、「料理オタク」たちが次々と生み出されます。しかし、彼らにとってフレンチや究極の料理はハードルが高すぎます。

彼らが現実的に向かったのはエスニックやB級グルメ、ラーメン、丼でした。ベトナム、タイ、台湾などのアジア料理やラーメンなどを紹介する単行本や「B級グルメシリーズ」（文春文庫）などがこの時期、相次いで出ています。

私も当時、ペンネームを使って「B級グルメシリーズ」で何本か原稿を書いていたので皮膚感覚でわかりますが、こうしたブームはどちらかといえば男性対象のものでした。

しかし、実際にこの世代の消費を牽引したのは女性でした。男女雇用機会均等法（1986年施行）もあり、1980年代は女性の社会進出が活発化するとともに、これまで男性に連れて行ってもらうレストランに、自分たちで行くようになったのです。

そのあたりの事情をうまく描写したものに「なんクリ」と呼ばれた田中康夫さんの処女作『なんとなくクリスタル』（1981年、河出書房刊）があります。

〈ベッドに寝たまま、手を伸ばして横のステレオをつけてみる。目覚めたばかりだから、ターン・テーブルにレコードを載せるのも、なんとなく億劫な気がしてしまう。（中略）それで、FENにプリセットしたチューナーのボタンを押してみる。なんと朝から、ウィリー・ネルソンの『ムーンライト・イン・バーモント』が流れている。〉

といったカタカナばかりの書き出しからはじまり、約200ページのうち、本文は半分の約100ページであとは注釈というつくり。

商社マンの両親がシドニーで暮らしているため、神宮前の１ＤＫのコーポラスにひとりで暮らし、モデルの仕事もしている女子大生の自由な日々を描いた小説ですが、本文と別につけられた大量の注釈に対しても、賛否両論を呼びました。もともと小説とは解説をするものではない、という前提があったのに対し、主人公ではなく著者の視点の入った注釈だったからです。たとえば六本木の「ルコント」というケーキ屋に対しては、〈フランス人・ルコント氏の経営するケーキ屋。南青山一丁目の新青山ビルにも出店があります。このところサービスと味が急激に落ちてますからあんまり規模を大きくなさらぬよう〉といった具合でした。

主人公は両親からの仕送りはありますが、モデルで毎月40万円以上を稼ぎ、「三十代になった時、シャネルのスーツが似合う雰囲気をもった女性になりたい」と考えています。野菜や肉は青山の紀伊国屋、魚は広尾の明治屋、パンを買うのは代官山のシェ・リュイといったこだわりを持ち、テニスの練習にはマジアかフィラのテニス・ウェアを着ますが、普段はボート・ハウスやブルックス・ブラザーズのトレーナーを着ます。六本木へ遊びに行くときにはクレージュのスカートかパンタロンに、ラネロッシのスポーツ・シャツの組み合わせ。まさにバブルの空気を活写した小説でした。

表題の「クリスタル」について、著者は登場人物に、

「クリスタルか。ねえ、今思ったんだけどさ、僕らって、青春とはなにか！　恋愛とはなにか！　なんて、哲学少年みたいに考えたことってないじゃない？　本もあんまし読んでないし、バカみた

いになって一つのことに熱中することもないと思わない？　でも、頭の中は空っぽでもないし、曇ってもいないよね。醒め切っているわけでもないし、湿った感じももちろんないし。それに、人の意見をそのまま鵜呑みにするほど、単純でもないしさ」

と語らせます。私たちの世代にとっては、いま読みかえすと、80年代の空気を懐かしむことができるかもしれません。

食のトレンド化とエンターテインメント化

いっぽうで当時は、雇用機会均等法が施行され、男女平等が謳われはじめた時代です。その頃の女性のバイブルといわれたのが、1988年に創刊された「Hanako（ハナコ）」（マガジンハウス）でした。「キャリアと結婚だけじゃイヤ」とのスローガンで、松田聖子ばりになんでも欲しい20代後半のキャリアウーマンをターゲットとした雑誌でした。料理ジャンルや地域ごとに特集を組み、毎回多くの店を紹介し、「ハナコが紹介すると女性客が殺到し、予約が取れなくなる」と、いまの状況を先取りしました。

もっとも、「突然予約が取れなくなったせいで常連は逃げるし、ハナコの客は1週間でいなくなる。料理も雑誌に掲載されたものしか頼まず、アルコールを飲まない」と批判を浴びたりもしたものですが、男性対象の「食」が料理の中身に向かっていったのに対し、ハナコが仕掛けたのは料理のトレンド化でした。

「ティラミス」や「ナタデココ」「地中海料理」などを世に広めたのはハナコの功績だったと思いますし、バブル全盛期になると、その風潮は女性だけでなく、男女を問わず広まりました。

その状況を描いたのが、ホイチョイプロダクションの『ミーハーのための見栄講座　その戦略と展開』（1983年、小学館刊）でした。

フランス料理店にはじめていったときは気張って高いものを頼むのではなく、どんな店にでも必ず置いてある「テリーヌを頼み、ワインはボージョレーにしなさい」など、フランス料理初心者を揶揄しながらも、デートの手法を教えた本で、「味とは関係ない戦略がデートには重要である」という論調は、当時のバブルの風潮を、見事に喝破していました。

ホイチョイはその後、1994年に『東京いい店やれる店』（小学館）という、味ではなく、「顔のいい女とセックスしたいと願うスケベな男性諸君に贈る、女を口説くための料理店のガイド」を出しました。

店を女性の「お股印」で格付けし、3つ股印は「東京が世界に誇る絶対にやれる店」という、ミシュランや『東京いい店うまい店』のパロディでしたが、この本は見栄講座とともにまさに当時の「食のトレンド化」を具現した本でした（ホイチョイは2012年に『新東京いい店やれる店』を出しましたが、明らかに実践度は低下していて、時代の差を感じさせました)。

こうしたグルメメディアの全盛の裏には、バブルで増えていったグルメ消費があります。カフェバー、空間プロデューサー、イタめし、ワンレン・ボディコン、ディスコ、サーファー、ハマトラといった、バブルとともにトレンドとなり、消費された数々のワードがグルメと合致するようになったのです。

そして消費者は、これまでは数少ないメディアからの情報でしか知らなかった「美味しい店」を、たくさんのメディアの洗礼を受けることで、自らの意思で選べるようになりました。

そうなってくると、単に食べるだけでは満足できない層が出てきます。自分の好みの店を探したい、自分で作ってみたい、シェフがどうやって作るのかを知りたい、シェフの経歴をもっと知りたいといった欲求が生じてきます。

そうした背景で出てきたもののひとつが、「『食』こそエンターテインメント」を標榜した「dancyu(ダンチュウ)」(プレジデント社、1990年)の創刊です。

ただ食べるだけでなく、厨房に入って料理を作り、生産者を訪ねるといった、食文化をエンターテインメント化した雑誌で、もともとは男性読者を想定していましたが、働いている女性読者も多く取り込んだといわれています。

私も創刊号を読んでいます。「食」というテーマに多様なアプローチを試みた媒体はこれまでにもありましたが、それを月刊誌として出せる時代が来たのか、と驚いた記憶があります。当時、存在は知っていても普通の人は恐れ多くてなかなか入れなかった、新津武昭《にいづたけあき》さんという天才寿司職人が握っている銀座の寿司「きよ田」の記事をわざわざ創刊号に載せたことには、同業編集者として「思い切ったことをしたな」と思ったものです。

いっぽう、これまで活字が行ってきた「食」に対する多様なアプローチを、テレビ的な手法で行ったのが、フジテレビ系で放送された「料理の鉄人」でした。

制作チームが共有していた「料理の鉄人」のコンセプトは「異種格闘技」。いまは信じられないでしょうが、当時はフレンチと中華のシェフが交流することなど信じられない時代だったのです。その「異種ジャンル」のシェフが特設のキッチンスタジオで対決して、しかも勝負をつけるなどということはさらにありえない世界でした。

私の周囲には当時料理の鉄人立ち上げに関わったクリエーターたちが多数いるので、初期の苦労話をよく聞きました。放送開始当初は、出演交渉をしても、

「(和食の自分が) フレンチと対決するなんてありえない」

「もし負けて店がつぶれたら、いったいどうしてくれるんだ。売上補償をしてくれるというのか」

といった返答ばかりだったようで、いまでは誰もが知っているスターシェフも出演を尻込みした

と聞きました。ところが番組がヒットしてからは、そうしたシェフからの参加希望が殺到したというから、現金なものです。

全盛期には視聴率は20%を超え、子供の「将来なりたい職業」にシェフが入ったほどの人気番組。海外にも番組やそのコンセプトが輸出され、「アイアンシェフ」として世界に認知されました。

蛇足ですが、2012年にフジテレビは「料理の鉄人」をリメイクした「アイアンシェフ」を放送しました。私も番組内で審査をする評議員を何度か務めましたが、番組は大コケして、わずか1クールで終了しました。

原因はさまざま分析されていますが、鉄人の当時はブームとはいえ料理人の情報はいまほど多くありませんでしたが、アイアンシェフの時代になると、いくら挑戦者のシェフを大々的にフィーチャーしても、視聴者からは、

「あの挑戦者は食べログで3・20の人だから勝てるわけないよね」

などといわれるわけです。以前とは比較にならないほど視聴者のほうが情報を持っているので、料理人同士の対戦に驚きがなくなったからではないかといわれたものです。

とはいえ、テレビの影響は活字の比ではなく、料理の鉄人の成功で料理人の地位は格段に上がり、有名シェフはさまざまなメディアに登場し、スターダムへとのし上がっていきました。

そして、鉄人の店、鉄人に勝った挑戦者の料理を食べてみたい、と有名店を訪れる客が多くなり、

逆張り思考で「負けたけどうまい店」などといった企画が登場するなど、料理の鉄人の成功によって、グルメ情報はますます増えていったのです。私の周りにも「料理の鉄人を見てシェフを志しました」という有名シェフは何人もいます。

インターネットが飲食業界に与えた影響

しかし、それはまだマスメディアが情報を握っていた時代の話。１９９０年代後半にインターネットが出てくることで、その情報量はさらに飛躍的に増すのです。

その嚆矢《こうし》は、１９９６年にサービスが開始となった「ぐるなび」と「ａｓｋＵ　東京レストランガイド」でした。

当時はインターネットサービスははじまったものの、光通信はもちろんのこと、ＡＤＳＬもなく、ネット接続は電話回線につないで「ピーヒャラヒャラヒャラ」という音で接続を確認した時代です。80年代からはじまったパソコン通信でグルメ情報を交換していた一部の好事家がネットに進出しはじめただけで、まだ一般人はマスコミ以外のグルメ情報には接することができませんでした。

そんな時代にぐるなびがまず、飲食店向けにネットにホームページを立ち上げるサービスをはじめたのです。ぐるなびは交通広告を扱う代理店「エヌケービー」の一部門として発足した企業でしたが、独立。その後、飲食店に対する販売促進支援を事業の柱として成長しました。

それに対して、客同士が店の情報を交換しようという目的ではじまったのが、同じ1996年にスタートした「ａｓｋＵ　東京レストランガイド」でした。いまではその名前を知っている人は少なくなりましたが、レビュアーがお店の評価を投稿する大型グルメサイトとしては最初のもので、「ネットで不特定多数がレビューする」といった、いまでは当たり前に行われていることも実は、このサイトからはじまったのです。

たとえば1980年代にレストランを探そうとしたとき、私は周囲からの口コミを一番重要視していました。雑誌やグルメガイドはひと通り見ていましたし、それなりに個人的な食のネットワークができていたからです。

彼らは私の好き嫌いも把握してくれるので、彼らのサジェスチョンを受けて訪れた店に失敗はあまりなかったのですが、いかんせん、情報の幅が狭いところに難がありました。

そんなときに彗星のように現れたのが「ａｓｋＵ　東京レストランガイド」でした。大まかなシステムは現在の「食べログ」とほぼ一緒と思っていただいていいでしょう。レビュアーがレストランを評価する形式で、当時はまだネットが発達していなかったため、接続することに時間がかかる時代でしたが、このサイトを知ることによって情報量が格段に上がりました。

しかも、匿名ながらレビュアーが個々の店を評価しているので、自分の好みのレビュアーを見つけ、彼らが訪れた店を探せば、おのずと自分の好きなタイプのレストランに行き当たる。これまで知り合いからしか受け取れなかった情報を、見ず知らずの人間から得ることができるようになったのです。

いまも覚えている、私が当時好きだったレビュアーは「極楽とんぼ姫」でした。いまもって彼女の正体は知りませんが、勝手に彼女のレビューの追っかけをしたことを思い出します（いまもまだ、食べログで彼女のレビューを読むことができます）。

ただ、東京レストランガイドは、さまざまな問題が噴出して2012年に閉鎖。その間隙を縫って成長したのが「食べログ」だったのです。スタートは2005年でした。いまの若い世代にとって食べ歩きをはじめたときには食べログがすでにデフォルトだったと思いますが、実はまだ20年も経っていないサイトなのです。

食べログがなぜ成功したのかについては、さまざまな方が分析していますが、私は「カカクコム」という、IT技術に実績のある会社の新規事業だったために、コンプライアンスをしっかりとしたうえで、ユーザーライクなUI（ユーザーインターフェイス）を作りあげたことが一番大きかったのではないかと思います。また、東京レストランガイドの失速をよく研究して作り上げたと指摘する関係者もいます。

東京レストランガイドの有名レビュアーも、立ち上げ初期の段階から食べログに移っていき、いつしか食べログはユーザーサイドに立った、つまり飲食店サイドのぐるなびとは正反対の立場のグルメサイトのデファクトスタンダードになりました。

『ミシュランガイド』日本上陸の衝撃

ただ、この当時はネットだけでなく、紙もさまざまな試みをしていました。

2001年に創刊され、毎年年末に最新刊が出る単行本『東京最高のレストラン』(ぴあ)は、マッキー牧元さんや小石原はるかさん、浅妻千映子さんなど食メディアの分野で仕事をしているプロが実名で東京のレストランを評論する内容がウリです。

歯に衣着せぬ論評のため、初期には飲食店とのトラブルも少なくなかったと聞きますが、ネガティブなこともあえて表明するという姿勢がコアな食べ歩きファンから熱烈な支持を得て、現在まで続いています。

しかし、一番衝撃だったのはミシュランガイドの日本上陸でしょう。2007年11月に『ミシュランガイド東京2008』が発売されたときには30万部近い売れ行きだったといわれており、ガイドブックとしては驚異的なベストセラーでした。

欧米以外では世界初、しかも日本料理や寿司に3つ星がついたのもはじめてなら、星の合計がパリを抜いて東京が世界の美食都市に躍り出たわけです。

はじめてのミシュランで３つ星に選ばれたのは「カンテサンス」「ジョエル・ロブション」「ロオジエ」「小十《こじゅう》」「かんだ」「濱田家」「鮨 水谷」「すきやばし 次郎」の８店でした。

当時、「フランス人に日本料理が評価できるのか」「日本人とは基準が全然違う」などといった批判も出ましたが、ミシュランが評価した店は予約が殺到しました。

ある料理店の主人は、「このままだと半年後に閉店かと思っていたら、星をいただいて助かりました」といっていましたし、「突然、朝に北欧から英語で予約の電話が来て困りました」と話した日本料理店の主人もいました。

ミシュランはご存じのように匿名評価で、前出の東京最高のレストランとは正反対の評論方法ですが、欧米で確立したブランドは日本でも確実に支持されました。毎年、ホテルで発表会を開き、いまでは東京以外にも関西版や地方版が出ています。食のために訪れるインバウンドが多くなった日本にとっては、当初より存在感が増したといってもいいでしょう。

ミシュランの評価基準に対してはいまでも異論は多いようですが、私はミシュランの姿勢は評価しています。というのも３つ星の変化が少ないからです。

２００８年版で３つ星に選ばれた８軒のうち、「カンテサンス」「ジョエル・ロブション」「かんだ」「すきやばし 次郎」の４軒はいまもなお、３つ星を維持しています。

マスコミ的にいえば、３つ星が毎年のように入れ替わり、有名店が落ちたほうが情報として大きく取り上げられ、結果としてミシュランの売り上げにもつながります。

しかしそれをしないで同じ店を評価し続けるのは、ミシュランの評価軸にブレがないということであり、それは評価本として大切なことだと思うからです。


とはいえ、この10年間のネットの進歩で紙の情報はすっかりネットに取って代わられました（ミシュランもぐるなびと提携し、ネットでの発信を強化しています）。

ネットの世界では、最初に一番強くなったサービスを凌駕するのはなかなかむずかしいですから、食べログがデファクトスタンダードを獲得して以来、食べログの評価に飲食店は振り回されるようになります。

食べログのサービスはわかりやすいだけに、点数だけが独り歩きして、数字の実態であるレビューを読まないまま、「あの店は点数が低いからやめよう」などということになってしまうのです。

食べログ側もアルゴリズムを進化させたり、レビュアーの評価をしたりと、さまざまな対策をとって数字の信頼性を確保するための努力をしているようですが、匿名性が食べログの原点である以上、レビュアー個々人が誰なのかがわからないため、信用するにもそれが担保されないという根本的な問題がありました。

そこを衝《つ》いたのが２０１０年にリリースされた「Retty（レッティ）」です。レビュアーはすべて実名で信頼性が確保できるというのが食べログとの違いです。さらにいえば、背景にはパソコンからスマホ、ウェブからアプリといったネットの進化があります。

食べログはパソコン時代に成立したサービスですから、レビュアーも詳細で長いレビューを書く傾向があります。私のように紙に慣れ親しんだ世代には、細かく評論されたレビューは参考になりますが、スマホ世代にとっては小さな画面ですぐにわかることのほうが肝要です。

レッティはスマホに親和性の高いデザインで、短い文章で料理店の良し悪しがわかるレビューが支持されています。食べログのように飲食店を批判する文章が少ないのもレッティの特徴で、これも実名制をとっているからでしょう。

それを更に進化させたのが「TERIYAKI（テリヤキ）」です。レッティは実名とはいえ、誰でも書き込みができるので、料理リテラシーの有無は関係ありません。食べログと同様です。

しかし、料理店の良し悪しの評価は、その人の食に対する経験値によってかなり違ってきます。私の経験からいっても「この人が美味しいと言っている店なら信用できる」という人がいる半面、「この人にいいといわれても、それだけじゃ信じられないなあ」と保険を掛ける場合があるのは事実です。

ならば誰もが認める「食のプロ」だけが紹介するグルメガイドなら信用できるだろう、と考えたホリエモンこと堀江貴文氏が２０１３年からはじめたのがテリヤキというアプリです。

このアプリは、テリヤキストと呼ばれる、食に一家言ある人々が実名で店を紹介するから信頼性も担保できるというのが特徴です。世界一のフーディーの浜田岳文さんや、食ジャーナリストのマッキー牧元さんがテリヤキストになっていると聞けば、おわかりいただけるでしょうか。どちらかといえば高級店の紹介が多く、新店にも敏感。ホリエモンも積極的に投稿しています。

実はテリヤキのスタートには、私も絡んでいます。堀江さんがあるとき、人を介してたずねてきて「食べログを超えるサイトを作りたい」と相談されたのです。そのとき一緒に考えたのが「実名のプロが責任をもって紹介するサイト」という、今も変わらないコンセプトだったのです。

私は現在もテリヤキとは関わっていますが、歴代の社長がさまざまなサービスを生み出し、システムは立ち上げ当初より、どんどん発展しています。テリヤキの愛好者たちが情報を交換しあって食事会に行く、独自のグルメコミュニティも人気になっています。

さらにこの数年、紙の世界で活躍してきた食ライターもどんどんネットの世界に参入。食べログやレッティのレビュアーとは違い、豊富な食取材の経験、企画力を武器にした食のウェブサイトも続々誕生しています。

テレビ業界においては、かつての「料理の鉄人」のような圧倒的な影響力を持つグルメ番組は現れていませんが、当時に比べてグルメ番組自体はものすごく増えています。

しかも、単なる店紹介からシェフや芸能人による料理評価番組、開店までのドキュメンタリーなど、紹介の方法もバラエティに富んできました。「ヒューマングルメンタリー　オモウマい店」や「孤独のグルメ」「食彩の王国」など数々の番組が生まれ、食に対する関心があることはいまや、当たり前のこととなったのです。

「食べログ」訴訟の背景

こうして食に関する情報は、1980年代から比べたら10倍、いや100倍くらいに増えました。かつて情報がほとんどなかった時代を知る者としては嬉しい限りですが、それによって弊害も起こりつつあります。

その弊害のひとつは、あまりに増えすぎた情報を取捨選択できなくなり、ネット上のバックグラウンドを知らない人の評価に、必要以上に頼ってしまうことがあります。

その有名な例が、食べログ訴訟です。2020年5月、焼肉・韓国料理チェーンを運営する「韓《はん》流村《りゅうむら》」が、「食べログ」運営会社であるカカクコムを相手に訴訟を起こしたのです。

韓流村の言い分は、

「食べログが評価点を算出するアルゴリズムを変更したことにより、直後からチェーン店の点数評価が軒並み3・50より下になり、1か月の売上高が急減した。これはチェーン店を不当差別する独禁法違反行為だ」

というもので、東京地方裁判所に損害賠償とアルゴリズム差し止めなどを求めたのです。

その背景には、「ランキングの数字は金で買える」「やらせレビュアーを買えば点数はあがる」とこれまでずっと流れていた噂があります。

日経ビジネスの2020年3月2日付の吉野次郎記者の記事「食べログを信用しますか？　やらせ依頼の全文掲載」はこう書いています。

〈だが飲食業界では、料理の腕や接客術を磨くことに専念せず、不正を働いてまで客の評判を高めようとする店舗が存在する。客に金銭を支払ってグルメサイトに「料理はどれもおいしかった」「店内の雰囲気がよく、接客が行き届いていました」など、高評価の「レビュー（口コミ）」を書き込ませる、やらせの実態が取材から浮かび上がってきた。

食べ歩きが趣味のブロガー、AKIは見知らぬ人たちから頻繁に連絡を受けている。記者が取材した数日前も、ブログのメッセージ機能を使ってコンサルタントを名乗る人物から「食べログで店のPRに協力してほしい」とお願いされていた。食べログは「失敗しないお店選び」をコンセプトに掲げる国内最大のグルメサイトで、飲食店選びの際に大きな影響力を持つ。AKIはPRの協力を依頼してきた相手に対して、試しに「詳しく知りたい」と返事をすると、数日後メッセージが送

られてきた。（中略）
「ご来店、お食事頂き、食べログ投稿をして頂きたいです」「居酒屋ですと（5点満点中）3・5以上、すし店ですと4・0以上でお願いしております」という。見返りは1回の投稿につき1万円で、飲食代は2人まで無料。「最大限おもてなしさせて頂きます」とのこと。

要するに、食べログに「やらせレビュー」を書き込むよう、依頼してきたのだ。

AKIに連絡してくるのは、一般に口コミ代行業者と呼ばれる人たちだ。レビューを投稿する「レビュアー」たちに飲食店が直接金銭を支払ってやらせを依頼することはほぼない。発覚すれば食べログ側から制裁を受け、店の評判が地に落ちる。このため飲食業界の裏側では、口コミ代行業者を前面に立ててリスクを回避する分業体制が確立している。

不正を働いてまで高評価を得ようとする飲食店が存在するのは、レビューの良しあしが死活に直結するからだ。SNSの利用者を対象にした三菱UFJリサーチ&コンサルティング（MURC）のアンケート調査によれば、サービスや商品のレビューが良くなかった場合に「購入を取りやめる」あるいは「購入を取りやめることの方が多い」とした人は、合わせて76%を占めた。〉

こうした口コミ代行業者の存在に対して、食べログは公正性の担保のために「やらせ業者通報窓口」を開設するなどして排除してきたといいますが、点数の根拠であるアルゴリズムが非公開なため、噂を払拭することができないでいました。そのアルゴリズムに対して真っ向から挑んだのが韓流村の訴訟だったのです。

東京地方裁判所の判決は2022年6月に言い渡されました。食べログが飲食店の評価の点数を算出するアルゴリズムを一方的に変更し、低評価したと認定。アルゴリズムを一方的に変更することが「優越的地位の乱用に当たり独占禁止法に違反する」と判断し、食べログの運営会社・カカクコムに3840万円の賠償を命じました。

その後の報道では、アルゴリズムの中でも、チェーン店への点数を恣意的に変更した事実が認められたからだといわれています。ただし、変更後のアルゴリズムの使用差し止めは認めていません。

この判決に対してカカクコムは控訴しているので現時点（2023年3月）では判決が確定しているわけではありませんが、面白いのは、韓流村の代表取締役、任和彬（イム・ファビン）氏は食べログの有料会員でもあり、韓流村は裁判中も変わらず広告を出稿していることです。

〈（任氏は）「カカクコムは画期的なビジネス・モデルで、尊敬すらしている」と言う。だからこそ、「飲食店は食べログに依存していて、広告により集客をしてもらっている」ことを認めている。ただし、「公平公正な運営がなされるのであれば」と、クギを刺すことも忘れていない。〉（「食べログ裁判、訴えた焼肉・韓国料理店の社長の『意外な素顔』とは」ダイヤモンドオンライン2022年11月12日付　新山勝利・文）

ネットのように誰でもが評価できる世界において、評価の公正性は常につきまとう問題です。テリヤキのように誰もが信頼するキュレーターが飲食店を選ぶスタイルのサイトはそれに対するひとつの答えですが、グーグルマップのように誰でも書け、その書き込みをキュレーションしないで載せるほうが、真実味があって評価できるという意見も出てきています。

また、若い世代はインスタグラムやティックトックのように、文章ではなく写真や映像で料理店を選択するほうが当たり前になっており、食のキュレーションの方法は幅広くなっています。

もうひとつの弊害は、食に関する情報が多くなったことによって、食へ興味を持つ人々が多くなり、結果としてリアルな店舗に混乱が生じていることです。

富裕層と呼ばれるほどではないけれど、独身でお金に余裕があったり、共働き、外資系、IT系、医者、士業といった人々がこの10年ほどで、「食べ歩き」に関心を持ち、続々と参入してきました。ある銀座のクラブ経営者は、「いまの若い人たちは異性ではなく、食のほうに関心があるね」と嘆いたほどです。

その結果、一部の有名店は予約が殺到して、半年どころか、3年、4年待ちですら当たり前だったりしています。そのいっぽう、ドタキャン（当日もしくは直前にキャンセルすること）、ノーショウ（連絡をせずに店に訪れないこと）による食材のロスや機会損失も問題になっています。

最近は、テーブルチェックやオープンテーブルなどの予約専門業者だけでなく、食べログやぐるなびなどもネット上での予約サービスをはじめ、ネットでお目当ての店を見つけたらその場で予約までできるようになっています。ただ、そのように簡単に予約ができるようになったことから、逆にドタキャンが増えたという皮肉な結果になったのです。それに対抗するには今後、AIを使った技術が補ってくれるのを待つしかないのかもしれません。

こうした問題に対する対処として、ドタキャンされた席とそこに行きたいと思っている人とをマッチングさせる目的ではじまったサイト「ポケットコンシェルジュ」（2011年）は画期的でした。

ポケットコンシェルジュは、オーナー自身が日本料理の職人だったため、飲食店の経営の大変さをよくわかっていて、予約困難店の予約がサイト上で簡単にできると同時に、その店のドタキャン情報もきちんとフォロー。ドタキャンされた店と、その予約困難店に行きたい人をマッチングさせるアプリとして生まれました。事前に行きたい店を登録しておくと、キャンセルが出たら自動的に知らせてくれるなど、当時としてはかなり画期的なシステムだったと私は思います。

ポケットコンシェルジュはその後、決済システムや情報サイトへとサービスを拡大し、2019年にはアメリカンエキスプレスの傘下に入り、クレジットカードを通じたキャンセル予約なども可能になっています。

そのドタキャン問題に店側から取り組んだのが、予約サイト「OMAKASE（オマカセ）」でした。もともとはミシュラン２つ星の鮨店「東麻布天本《あまもと》」に予約が殺到して、仕込みができないほど電話やメールの対応に追われていることを知った、天本さんの周囲の人々が開発した予約アプリがきっかけだったといわれています。

オマカセからの予約の画期的なところは、ドタキャン予防のために、クレジットカード登録を予約の条件にし、キャンセル料金も徴収できるようにしていることでした（ただし、それを実行するかどうかは店自身の判断によります）。

こうしたシステムによって、オマカセに登録したい飲食店が増え、いまや、オマカセに登録できる店は予約が取れない一流店の証明とも考えられているほどです。オマカセはその後、経営が代わり、現在はＧＭＯが運営しています。

よい店の選び方、そして飲食店情報との付き合い方

メディアと飲食店との関わり方には3つの進歩の段階があると思っています。

ネットが世間に行きわたる前までは、先述のように情報は一方通行で、メディア側がほとんど独占していました。ですからテレビや新聞、雑誌などがいうことを一般人は正しいと思うしかなく、その情報をもとにして飲食店に行ったわけです。いっぽう、メディアも安全策を講じ、自分たちが判断を下すわけではなく、場数を踏んでいると思えるような有名人、文化人がいいと言っている店を紹介してきました。

そこに「有名人よりもちゃんと食べこんだ自分のほうが判断できる」と乗り込んだのが山本益博さんでした。こうして料理評論家というジャンルができるとともに、今度は彼らがメディアに登場するようになったのです。

バブルを経験し、そうした情報をもとにして食べ歩く一般人が増えてきたのと並行してネットが登場しました。ネットを通じて、情報は双方向性になり、メディアよりもネットから

の情報が多く、信用度が高くなり、こうして誰もが食を語るいまの時代が出来上がったと私は考えています。

では、いまの時代の美味しい店とはなにか。実は私は、ミシュランの3つ星や食べログの高得点店、世界のベストレストランの常連店ではないと思っています。

もちろん、大勢の食通が評価しているように、そうした店は美味しいところが大多数でしょう。ですが、店のシェフはそこに訪れる最大公約数の客が美味しいと思ってもらえる料理を作っているのです。けっして私が好きな料理だけを出すわけでもなく、私が好きな調味方法ではありません。

ですから、理想的にいえば、家に各専門ジャンルの優秀で私の好みを熟知している料理人がいて、私の好きな料理をオートクチュールで出してくれるというのが、美味しい料理を食べられる究極的な方法だと私は思います。

しかし、そんな夢のような話をしなくても、今後AIの進歩で、そんなレストランをコンピュータが紹介してくれるかもしれません。私がこれまで言及してきたレストランを分析し、「このレストランが合います」「このレストランはあなたの好みではないです」と教えてくれるようになるのも、そんなに遠くないような気がするのです。

しかし、それまでのあいだはやはり、自分で好きな店を決めなければなりません。そんなとき私は、自分が好きな店に同じような感想を書いている食べログレビュアーやブロガーを参考にしています。

食の世界はある意味主観的ですから、誰にとっても美味しい店はあるはずがありません。日本人は長いものに巻かれる人が多いので、大勢が美味しいというと、そんな気になっているだけだと私は思っています。

私には「この人が美味しいというなら、訪れたことがなくても他人に紹介できる」と思う場合もあれば、「この人がいくら美味しいと力説しても信用できない」と思わざるを得ないときがどうしてもあります。

その人が味音痴だということではなく、彼がレストランもしくは料理のどこの部分を評価しているかが私の考えるところと違うという理由からです。世の中には、コスパがいいかどうかで店を評価する人もいれば、ワインリストで評価する人もいます。「値段はたしかに高いけれど、絶対的に旨いから行ってみろ」といわれても、私の懐具合と彼の懐具合には違いがあります。

私は「いい店ってなんですか」と聞かれることも多いのですが、いつも困ってしまいます。ミシュランは皿の上に載っているものだけで評価するといいますが、私は「全体のバランス」としかいいようがありません。あえていえば、お勘定を終えて「これなら満足できたな」と思える店が私にとっていい店です。

そう考えると、いい店を発見するために私はネットを活用して、味だけでなく、レストランのどこを評価するかの親和性において、似ている人、信用できる人をたくさん見つけたいと思っているわけです。

そういうと、「ステマに気をつけろ」ともいわれますが、ネットというものは不思議なもので、同じ人の文章を長年読んでいると、熱量が入っている文章か、そうでないかはおのずとわかるものです。たとえ飲食店のオーナーやシェフが自分の店の料理を宣伝も兼ねて書いていたとしても、本当に美味しいものができたから食べてもらいたいのか、ただの宣伝なのかはわかるような気がします。

そして、美味しい店を見つけたら隠したりはしません。「情けは人のためならず」といいますが、そのときに自分の知っている一番いい情報を示せば、私にもきっといい情報がやってくると私は信じているからです。

でも、一番困るのが「今度銀座に行くので、一番美味しい店を教えてください」というような質問です。以前から親しくて、その人の趣味や経済力がわかっているならいいですが、銀座に「美味しい店」はやまほどあるからです。ひとり30万円だしてもいいのなら素晴らしいステーキ屋がありますし、１００万円のワインを開けたいなら、それに見合った店も紹介できるでしょう。

なので、そう聞かれると私は、

「食事のジャンルと予算はいくらですか。仕事ですか、プライベートですか。お酒はどれくらい飲みますか。個室がいいですか、カウンターがいいですか。大きな店でもいいですか、小さな店がいいですか、男女比も教えていただければありがたいです」

などと聞き、それで判断します。

また、相手がお勘定を支払うことが確定的で、でも「柏原さんのほうがいい店をご存じかと思うので決めてください」といわれるときも困ります。先方の予算をうかがうことができないからです。そういうときはだいたい松竹梅の3ランクに分けて2店くらいずつ出して、先方に決めていただくことが多いでしょうか。

いい店を探すことはむずかしいと、つくづく思います。

第 II 部

What is Gastronomy Tourism ?

実践的
ガストロノミー
ツーリズム論

第６章

大軽井沢経済圏

点から面への発想転換と富裕層旅行の本質

ここまで論じてきたように、日本はすでに美食を受け入れる素地が文化として充分ある国であることがわかります。また、この数十年で、その文化はマジョリティにまで広がっています。いまや、誰もが外食を楽しみたいと思っていると言っていいでしょう。

そこにこれから、インバウンドが押し寄せてくるわけです。彼らを満足させるようなガストロノミーツーリズムを具体的にどうやって発展させていけばいいのか。ここからは、いよいよ実践的な話を展開したいと思います。

わかりやすい例として、軽井沢町《かるいざわまち》の試みを考えてみましょう。日本の中で一番世界に名前の知られているリゾート「KARUIZAWA」こそが、ガストロノミーツーリズム、ラグジュアリーツーリズムの先鞭になり得ると思うからです。

軽井沢とは私自身、この10年ほど地域の発展に関するさまざまな議論に携わっています。私は子供の頃から軽井沢にご縁があり、小さな山小屋がある関係で、軽井沢をもっと発展させるにはどうしたらいいかという集まりにいろいろと参加してきました。

その中のひとつに「大軽井沢経済圏構想」があります。

軽井沢への観光客はコロナ前の２０１９年に８５０万人を超え、沖縄を超えて、日本随一のリゾートになっています。軽井沢は別荘地として知られます。実際、別荘は1万6千棟を超えており、その所有者の多くが富裕層で食事にとても関心があります。しかし住民は約2万人しかおらず、外からやってくる人々が圧倒的な経済資源なのです。

軽井沢町は長野県で唯一、地方交付税を受けていない地方自治体ですが、それは別荘族が落とす固定資産税が莫大だからといわれています。しかし、このことが軽井沢町の中で軋轢を生んできたのも事実です。

従来から軽井沢町には3つの区分があるといわれてきました。「町民」「別荘族」「移住者」です。移住者は最近は新町民とも呼ばれています。

これまで町民は「別荘族は気候のいい夏だけしか来ないで、ゴミをたくさん捨てるだけで、面倒なことはなにもしない」と批判し、別荘族は「おれたちの税金を使って実際はほとんど使われない建物ばかり作る『ハコモノ行政』で無駄ばかり。税金はもっときちんとしたインフラ整備に使ってほしい」と互いに反発しあっていたように思います。

ところが、ここ10年ほどで移住者が増え、彼らが新町民といわれるようになると、対立ではなく、一緒に軽井沢町を発展させていくにはどうしたらいいのかと考える空気が醸成されてきたのです。町議会にも移住者が少しずつ加わってきました。

その背景には軽井沢の実情が変わってきたこともありました。軽井沢にはたしかに観光客は大勢訪れますが、半分近くは日帰りの客なのです。アウトレットで買物をして、せいぜい温泉につかるくらいで、そのまま帰ってしまう人々です。

これまで軽井沢は滞在型の富裕な別荘族だけを相手にしていれば経済的に潤っていたのですが、観光客の実数が多くなるにつれ相対的に滞在日数が減ったことと、相続による別荘の新陳代謝が進まず、使われていない別荘が増えてきたことで別荘全体の滞在日数が減り、町の経済が変わってきたことが問題になってきました。

つまり、観光客の質を上げることが必要になってきたのです。アウトレットで買物をして日帰りする客ではなく、長い日数滞在してきちんと消費してくれる、別荘族ではない観光客をもっと呼び寄せねばならなくなったわけです。そのためには本来の高級リゾート軽井沢を復活させなければなりません。

軽井沢の場合、美食はすでに町に充分あります。

かつては「東京では技術的にもうまくいかないけれど、観光客相手の軽井沢ならやっていけるかもしれない」という「でもしかレストラン」が多かったように思いますが、ここ数年で軽井沢の地元野菜やジビエなどを使った特色あるレストランがたくさんできており、フーディーたちが注目するところもいくつもあります。

たとえば第14回ボキューズ・ドール国際料理コンクールで銅メダルを獲得した浜田統之《のりゆき》シェフを輩出した「星野リゾート 軽井沢ホテルブレストンコート」や、第18回ボキューズ・ドール国際料理コンクール日本代表の戸枝忠孝シェフが経営するフランス料理「レストラン TOEDA」、イタリアンの鬼才と呼ばれる小林幸司シェフが1日一組しか予約を取らない「フォリオリーナ・デッラ・ポルタ・フォルトゥーナ」、年間12組のみの予約で料理が終わるまで5時間以上かかるという太田哲雄シェフのイタリアンレストラン「ラ・カーサ・ディ・テツオ オオタ」、信濃追分《しなのおいわけ》に突如現れ、すぐに1年以上予約の取れない店になった鈴木夏輝シェフのイノベーティブレストラン「Restaurant Naz」などが、その代表格です。

しかし、軽井沢には「観光」があるかと考えると、実はかなり厳しいところがあります。「旧軽井沢銀座」と呼ばれる以前の中心地はいまや土産物屋通りとなっていて、地権者も複雑に絡み合っているので、再開発はむずかしいといわれています。

浅間山《あさまやま》は雄大ですが、観光客が登るのは困難ですし、あとは糸のように細い水流の白糸の滝や、1783年の浅間山噴火によって生まれた溶岩の公園「鬼押出し」程度（鬼押し出しも厳密にいえば群馬県側です）。美術館はいくつもありますが、本格的なものは少なく、観光地の集客として作ったもののほうが多い印象でした。

観光客のうち半分近くの400万人は7月、8月にやってきて、オーバーツーリズム（観光地のインフラ以上の観光客が押し寄せる状態）になっているのに対し、冬は零下10度まで落ち込むこともあって、観光客は閑散としてしまうため、年間を通じて観光客を呼び込むことに問題がありました。スキー場はあるのですが、人工雪の軽井沢プリンスホテルスキー場だけで、本格的に楽しみたいスキーヤーには魅力がありません。

アウトレットに来てくれることはありがたいけれど、もっと軽井沢に滞在して町全体に金を落としてもらうためにはどうしたらいいか、というのが軽井沢町の共通課題となり、町民も別荘族も新町民も一緒になって考えるようになったわけです。

「KARUIZAWA」という地名自体は世界に認識されているのだから、ダボスのような国際観光リゾートになり得る底力はあるはずだというのが町の思いなのです。

「面のツーリズム」という発想

10年ほど前というと、北陸新幹線が現実味を帯びてきた頃です。まず、JR東日本側の理由で、軽井沢駅には一番速い新幹線「かがやき」が停車しないことになりました。長野県自体にも、長野を通過して北陸に観光客がいってしまうのではないかという危機感があり、長野県と軽井沢町が共通の危機意識を持つようになったのです。

そこから出てきたのが「大軽井沢経済圏」という考え方です。軽井沢単体だけでは観光客を集めるのには限界があるが、周辺の豊かな観光資源を持つ地方自治体と一緒に「大軽井沢」という形で眺めれば、観光客へ多くの魅力を発信できるに違いないという考え方です。

これを私は「面のツーリズム」と呼んでいます。単体では訴求に限界があるが、それがつながって線となり、面となることで観光客を呼ぶ大きなツールになるという考え方です。

たとえば千曲川《ちくまがわ》流域には「千曲川ワインバレー」というワイン特区があります。エッセイストの玉村豊男さんが2003年に、東御市《とうみし》としてはじめてのワイナリー「ヴィラデストガーデンファームアンドワイナリー」を開設しました。2008年、東御市はワイン特区に認定され、「リュードヴァン」と「はすみふぁーむ」などの新しいワイナリーが相次いで生まれました。現在では東御市だけでなく、上田市、小諸市、佐久市、立科町《たてしなまち》などに素晴らしい日本ワインを作っているワイナリーがいくつもあります。

最近では軽井沢ウイスキー構想も浮上しています。実は軽井沢はウイスキーとは関係が深く、1955年竣工の「大黒葡萄酒軽井沢蒸留所」は、日本初のシングルモルトウイスキーでした。しかしその後、製造会社の度重なる吸収合併があり、2012年に御代田町にあった「メルシャン軽井沢ウイスキー蒸留所」が閉鎖されたことで、ウイスキー製造は途絶えていたのです。

それを復活すべく、メルシャン軽井沢ウイスキー蒸留所最後のモルトマスターである内堀修身氏を顧問、同蒸留所ウイスキー・ディスティラーであった中里美行氏を工場長として作られたのが、軽井沢町大字発地にできた「軽井沢ウイスキー株式会社」。浅間山や八ヶ岳山麓の水を使用、原料の大麦は佐久地方などで栽培したものを使用する予定だといいます。

また小諸市にも「軽井沢蒸留酒製造」ができるなど、周辺でのウイスキー開発も切磋琢磨しています。

先述したスキー場だってそうです。軽井沢町だけをみればひとつしかありませんが、車で2時間以内と考えると草津、万座、鹿沢、高峰マウンテンパーク、湯の丸、菅平など本格的なスキー場がいくつもあります。インバウンドの視点で考えれば、2時間の移動は問題のない距離だといいます。温泉は軽井沢町にもトンボの湯や千ケ滝《せんがたき》温泉などいいところがありますが、周辺には草津、万座、高峰、春日など、素晴らしい温泉がたくさんあります。

それらを一緒に観光圏として活用しようというのが「大軽井沢経済圏」の発想です。当初は「軽井沢はこれまでずっと偉そうにしていたのに、いまさら一緒にやろうなんて信じられるのだろうか」と半信半疑だった周辺地域でしたが、そうした地域の首長も若くなり、一緒に大軽井沢経済圏を盛り上げようという機運が形成されていったのです。

たとえば小諸市は、ここに住み「千曲川旅情の歌」や『破戒』を著した島崎藤村《しまざきとうそん》で有名です。桜がきれいな「懐古園」を訪れたことのある人も多いでしょう。

しかし、市の関係者は、

「最近の若い人は『しまざきふじむらって変な名前ですね』というくらいで、藤村の小説なんて読んだことのない人ばかりです。新幹線の駅が佐久市になったことから、小諸への導線がしなの鉄道だけになってしまい、観光客も減ってしまいました」

と嘆きます。しかし、訪れてみると、かつては小諸城があった城下町だけあって、古い町並みが残っていて、風情《ふぜい》のある場所もたくさんあります。

2016年に小泉俊博市長が誕生してから、小諸市は積極的に動きはじめました。まずは本陣、脇本陣などがいまでも残っている城下町を整備していきました。そして、軽井沢で「サワムラ」「酢重正之」といった飲食ブランドを成功させていた小諸出身の外食産業がシャルキュトリーショップを作りました。さらには、ワイナリーが整備されたり、新しいホテルができたりしたのです。

そうなると、かつては駅前からしてさびれた雰囲気だった町が、活性化してきたから不思議です。

小諸市にはマンズワインという日本有数のワイナリーがあります。マンズワインは国内では山梨と小諸にブドウ作りから醸造、瓶詰までを一貫して行う工場があります。

マンズワイン小諸ワイナリーは50年以上前に長野で最初にできたワイナリーで、かつてのワイン造りは山梨が主流だったのですが、温暖化もあって小諸のほうがいいブドウができるようになり、いまではマンズワインの最高級ブランド「ソラリス」のほとんどを小諸ワイナリーが生産するまでになっています。

マンズワイン小諸ワイナリーの見学ツアーに参加したとき、ベテランの醸造家から面白い話をうかがいました。

「私たち50代以上の醸造家は、日本固有のブドウであるベリーAを使って外国のワイン、たとえばカベルネのような味に仕上げろといわれて育ちました。しかし、いまの若い人はベリーAでしか表現できないベリーAらしいワインを作っています」

これまでは欧米の真似をしていた日本ワインも、固有種のブドウで素晴らしいワインが作れるほど、品質が高まっているということの証左だと思います。軽井沢から小諸まで移動するだけで、日本ワインの成長ぶりを実感できるなんて、観光地ならではの面白さでしょう。

「大軽井沢圏」とは軽井沢がそのほかの地域を見下ろすような尊大な考え方ではないか、という意見もあるかもしれませんが、私はそうは思いません。

この地域で一番有名なブランドは誰が考えても軽井沢です。この名前でまず集客する。そして、そこをハブにして魅力的な観光圏を作ることがいまの日本に一番わかりやすい地方創生の手順だと思うからです。

安倍政権のとき、「トリクルダウン」という理論が賛否両論を巻き起こしました。一般にこの理論は、「富める者が富めば、貧しい者にも自然に富がこぼれ落ち、経済全体が良くなる」と解説されますが、安倍政権の場合、「富める者しか恩恵を受けなかったじゃないか。この理論は間違っている」といわれたものです。

安倍政権の場合の実態がどうかは置いておいて、私は日本が観光資源を使って立国をするには、トリクルダウンの理論をうまく使うことが大切だと思っています。

大軽井沢圏でいえば、軽井沢というブランドをうまく使って周辺も一緒に富んでいけばいいのです。コロナ禍のあいだでも軽井沢とその周辺はどんどん魅力的になっています。美食においては、周辺地区に素晴らしいレストランが続々とできてきました。軽井沢の高い家賃を嫌った若手が周辺へ移住していったのです。

御代田町のラグジュアリーホテル「THE HIRAMATSU 軽井沢 御代田」にあるフランス料理「Le Grand Lys（ル・グラン・リス）」とイタリア料理「La Lumiere Claire（ラ・ルミエール・クレール）」、東御市「草如庵」、佐久市「レストランさんざ」「グスク」「割烹 祺うち」などには軽井沢からタクシーや代行を使って訪れる客で満席です。

レストランもかつては、冬場は休業しているところが多かったのですが、いまや365日営業しているところがかなり増えています。それとともに年末年始に長く滞在する別荘族も多くなっています。

富裕層を満足させる要素は、食・観光・宿そしてウェルネス

その軽井沢に弱点があるとしたら、宿泊施設だと思います。さきほどから述べているように、ガストロノミーツーリズム、ラグジュアリーツーリズムには、「いい食」「いい宿」「いい観光」が必要です。いい食、いい観光は「大軽井沢経済圏」が機能すれば確保できると思いますが、いいホテ

ルがあまりないところが問題です。

観光庁は富裕層旅行を「費用制限なく満足度の高さを追求した高消費額旅行を行う市場」で「旅行先における消費額が100万円以上／人回であること」と定義しています。

ところが、先述のように、世界の富裕層旅行のトレンドでは1回どころか1泊に100万円払ってでも満足できるホテルを選ぶというのです。

「1泊30万円なんて安さで大丈夫？　富裕層旅行商談会で見えた驚愕トレンド」（2021年2月24日付　ダイヤモンドオンライン　文　岩本大輝・オータパブリケーションズ執行役員）は、2021年12月にカンヌで開催された世界最大の富裕層旅行商談会「ILTM」に参加した筆者が、世界の富裕層旅行のトレンドと日本市場の可能性について考えたレポートなのですが、そこに参加した富裕層マーケティングの専門家によると一泊30万円のホテルはけっして高くはないといいます。

〈ILTMで痛感したのが、世界の富裕層旅行は1人100万円をはるかに上回るということだ。海外の富裕層の多くは、自分でホテルや交通手段を手配しない。富裕層旅行専門のエージェント（ILTMで参加していたバイヤー）にさまざまな希望を伝えて、カスタムメイドされたプランで旅行を楽しむのだ。

日本でも過去5回、ILTMが開催された。出展したある日本の高級リゾートの担当者が、バイヤーからスイートルームの価格を問われ、「1泊30万円です」と答えると、「そんな安い金額で本当

にVIPゲストに対応できるのか?」と心配されたという。日本の施設でそうした例は枚挙にいとまがない。〉(同記事より)

旅行をする富裕層を満足させる要素は先述したように食、観光、宿が主ですが、最近は、SDGs、ウェルネス(広義の健康志向)も重要になっています。なかでもウェルネス重視の流れはコロナ禍でいっそう加速したといいます。

コロナ禍のあいだには、ウェルネスに特化した「Wellness Retreat」(ウェルネス・リトリート)。リトリートは隠れ家の意)も世界中に誕生しました。仕事は仕事として精いっぱいやるものの、休みの日は思い切りウェルネスを楽しみたいというコンセプトです。

代表的なヘルス&ウェルネス・リゾートであるタイの「Chiva-Som(チバ-ソム)」では、ゲストの目的に合わせた滞在プログラムが用意され、ウェルネスコンサルテーションが行われています。「早起きしてビーチをジョギングしたり、アウトドアスポーツをしたり、家族や友人と食事を楽しみ、月曜日には心も体も満たされた状態で仕事に戻りたい」というのが「チバ-ソム」の創業コンセプトのひとつです。こうした動きは、脱プラスチックやCO_2削減、フードロス削減といった、SDGsやサスティナビリティの精神の延長といえるでしょう。

日本ではSDGsはまだファッションの延長のような感覚ですが、欧米では取り入れるのが当たり前。一泊に100万円払ってでもこうした取り組みに敏感なホテルを選ぶというのです。特に富裕層は敏感で、こうした取り組みをしていないホテルには泊まらないといいます。逆にいえば、こうした取り組みが直接的に収益にもつながっていくわけですから、時代の空気に敏感な宿泊施設は、日本でもそこにお金をかけはじめているのです。

JTB総合研究所が2022年11月に、「SDGsに対する生活者の意識と旅行～国内編～（2022）」を発表しました。SDGsとは、2030年までに持続可能でよりよい世界を目指す17の国際目標ですが、その認知度に関して「詳しく知っている」「17のゴールは知っている」の合計は30％で、前年より5ポイント上昇しています。

17のゴールのうち、重要と思うゴールは「海の豊かさを守ろう」「安全な水とトイレを世界中に」「陸の豊かさも守ろう」が続いています。そして、「訪問地の産品の使用（地産地消）」「食品ロスの削減、再生可能素材の利用などによるゴミの削減活動」「環境に配慮している施設の利用」といった取り組みがあるなら、ツアー価格が多少高くても許容するというのです。

このアンケートは富裕層に特化せず、一般宿泊者を対象にしていますが、彼らの中でもそうした意識が芽生えているということは、富裕層を対象にした場合はさらに割合が高くなると思われます。

コロナ禍前の話ですが、東京で成功して軽井沢に移住した方と観光産業について話をしていたとき、「軽井沢には一泊100万円を超えるラグジュアリーホテルがないから、金持ちが来る動機がないんだよね。彼らはアウトレットに行く必要なんてないし」

といった話になりました。

後半部分は当たり前として、前半の話は正直なところ「そんな高い値段を出して泊まる人はいるのかなあ」と思っていましたが、たぶん当時から富裕層のあいだではその認識が当たり前だったのだろうな、といまにして気づいたものです。

たとえば高級ホテルガイド「FIVE STAR ALLIANCE」に登録されている5つ星ホテルの数も日本は35軒しかありませんが、インドネシアには約70軒、タイには約140軒もあるのです。

そう考えるといままでのところ、軽井沢には国際的感覚でのラグジュアリーツーリズムを満足させるような宿はありません。

しかし、これは京都の例ですが先日、一泊30万円の旅館ができたと話題になりました。

南禅寺にある「眞松庵《しんしょうあん》」がそれで、数寄屋建築とモダニズムを融合させた建築で、宿泊施設はわずか4室。

建物全体の設計は、京都在住の建築家・横内敏人氏が担当、数寄屋建築は京都中村外二工務店、内装デザインは乃村工藝社 A.N.D. の小坂竜氏という豪華な顔ぶれです。

ですが、それ以上にフーディーたちに話題になっているのは、日本料理「緒方」初の支店となる「南禅寺 緒方」が出店したこと。緒方は「和久傳」で総料理長を務めた緒方俊郎さんが四条烏丸で独立、2010年から11年連続でミシュラン2つ星に輝いており、予約は極めて困難な店なのです。そこのはじめての支店が、宿泊者に朝食と夕食を提供するというのです。

正確にいうと、室料は1室2人の利用で1泊税込17万6000円（朝食込み）ですが、変動制を取っているので繁忙期は22万円以上の室料。夕食が5万5000円以上なので、酒も入れて総額で30万円はかかるだろうとネットで話題になったのです。

また、料金表を読み解くと、朝食が2万円という値段設定のようで、「夕食が5万円という店はいまや驚かないが、朝食2万円ははじめて」と騒然としたというわけです。

ここ数年、朝食で5000円を超えたホテルがちらほら出てきていますが、2万円はさすがにはじめて。だが、この手の価格を普通に払える層の人々が、日本でも厚くなっているということなのでしょう。ただし先述のアマン京都のように、京都では一泊30万円、40万円が、ここのところ当たり前の価格になっています。となると、「眞松庵」のような宿は今後、いくらでも増えていくのかもしれません。

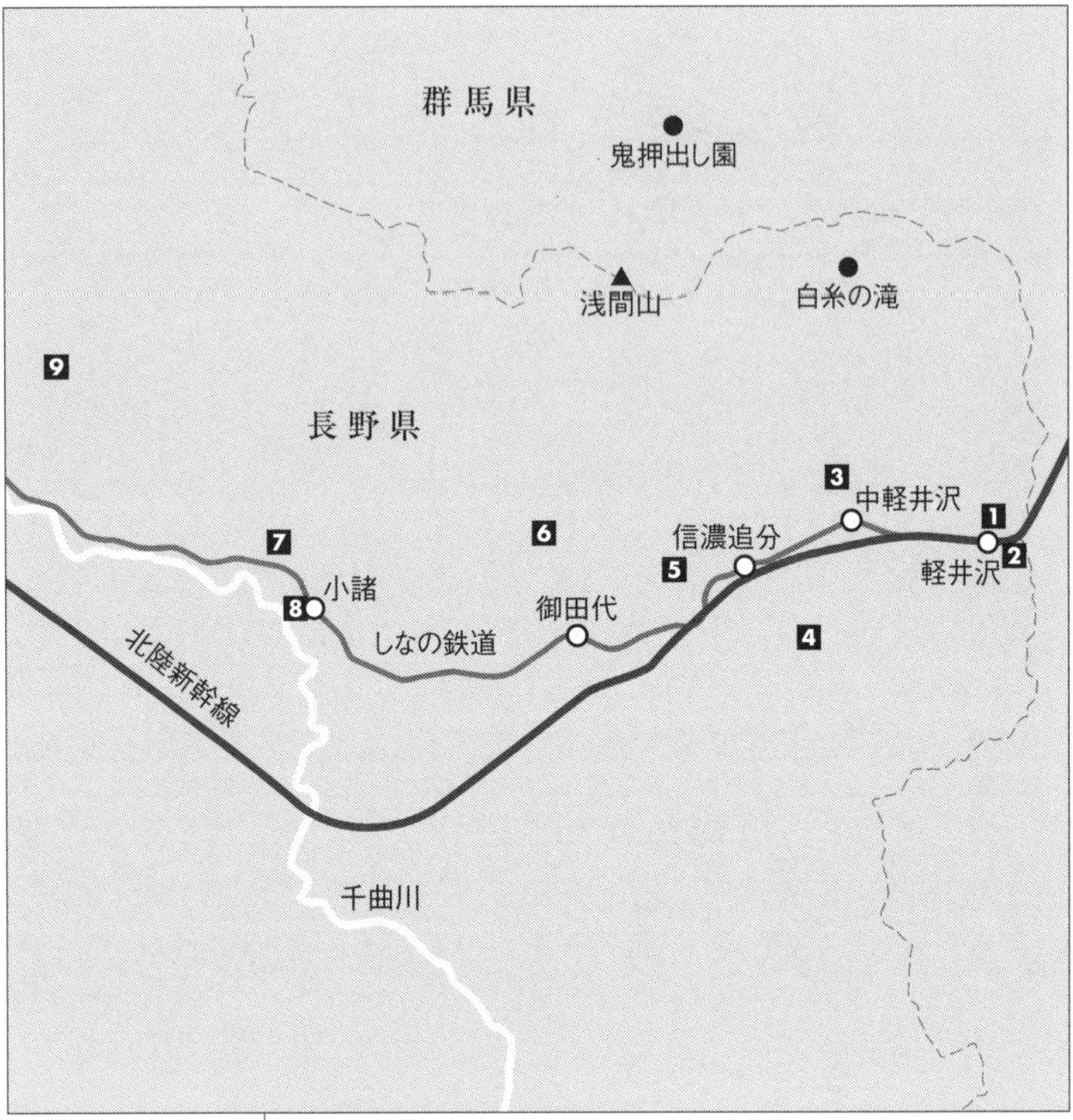

大軽井沢経済圏

1 軽井沢安東美術館

2 軽井沢プリンスホテルスキー場

3 星野リゾート 軽井沢ホテルブレストンコート

4 軽井沢ウイスキー株式会社

5 Restaurant Naz

6 THE HIRAMATSU 軽井沢 御代田

7 マンズワイン 小諸ワイナリー

8 小諸城址　懐古園

9 ヴィラデスト ガーデンファーム アンド ワイナリー

実際、軽井沢でも2023年現在、高級リゾート施設を運営するカトープレジャーグループによる高級旅館「ふふ軽井沢」が2カ所建設中。旧軽井沢銀座通りにも3階建ての高級ホテルができる予定になっています。発表資料によると、2023年冬開業予定。「ふふ軽井沢 - 陽光の風 -」と「ふふ軽井沢 - 静養の森 -」と名付けられ、全室に温泉が付いています。また、創業130年の万平ホテルも2023年から大規模改修工事に入ります。隣町ですが、御代田には「THE HIRAMATSU 軽井沢 御代田」もできています。

新しくできる宿泊施設の価格帯はまだ発表されていませんが、100万円とはいわずとも、かなりの高価格帯だと思います。しかも、これからできる宿泊施設は当然、SDGsやウェルネス志向のものになるでしょうから、そのときに軽井沢がどこまでラグジュアリーツーリストたちを満足させるものになるのか、私は楽しみでなりません。

先鋭的な言い方をすれば、海外の富裕層宿泊のキーワードは単なる観光から「ウェルネス（保養）」に変わりつつあります。軽井沢が日帰りから滞在型のリゾートに変わっていくには、ウェルネスの概念はとても重要になります。精神を開放し、自然を満喫するだけではなく、宿泊施設自体が楽しみをどんどん提案するような形だったり、ひっそりと佇むような隠れ家としての機能を充実させたりする必要があると思っています。

このままではアウトレット中心の普通の観光地になってしまうかもしれないと思っていた軽井沢

ですが、この数年で動き出してきた計画を見ていると大人のリゾートになれる可能性はまだまだあると思います。

今回は「食」が論点なのであまり触れませんが、ラグジュアリーツーリズムにはアートの要素も大変重要だと私は思っています。実はアートに関しても、軽井沢はこの10年間、とても充実してきました。

2022年には、フランスに帰化した画家、藤田《ふじた》嗣治《つぐはる》の作品だけを集めた「軽井沢安東《あんどう》美術館」のオープンが話題になりました。

画家の千住博の作品だけを展示する「軽井沢千住博美術館」、現代アート専門の美術館「軽井沢現代美術館」などもできており、アートギャラリーも増えていることから、この分野の拡充は楽しみです。

また、交通インフラも整いはじめました。

地方はどこも二次交通、つまり域内の交通インフラが整っていないところがほとんどで、それは軽井沢もそうでした。インバウンド向けの二次交通にはまだまだ課題がありますが、日本の観光客から不満が出ていた「軽井沢はタクシー移動するには高いし、公共交通は弱い」問題に対しては、はオンデマンド交通「よぶのる軽井沢」ができて、400円で自由な場所で乗り降りができるシステムも開発されています。

軽井沢町は2023年に町長選が行なわれ、軽井沢出身でありながら、海外経験の長い新町長が誕生しました。「新町長なら、俯瞰的な視線で軽井沢の良さを見いだしてくれるのではないか」と、彼を支持していた町民たちからは熱い期待が寄せられています。私も軽井沢の今後が楽しみです。

とはいえ軽井沢は古くからのリゾート都市ですから、以前からその存在は知られており、先行利益があるといえます。しかし、これまで観光都市でもなかった場所が突如、「美食」「フーディー」「インバウンド」といった要素で飛躍した地域があります。富山県です。

先述の田村耕太郎さんが、2022年2月24日のフェイスブックでこう書いていました。

〈富山県素晴らしいですね。1000メートルの深さの富山湾と3000メートル級の立山連峰に挟まれた世界一ダイナミックで美しい風景。バリ島を思わせる美しい棚田。世界遺産の合掌造りの家屋等々。いまだに人が住んでいる世界遺産は世界中でここだけらしいです。

人口100万人しかいない富山県内に20ものミシュラン星付きレストランがあることも驚き。それほど海、山、畑からの幸そして料理人にも恵まれ、凄まじいポテンシャルです。また、ドンペリの最高醸造責任者が惚れ込んで作った酒蔵も富山にはあります。いくつもの魅力的なリアルな物件を富山県様からご提示いただき、世界の富裕層が集まる自然を活かしたラグジュアリーリゾート開発して参ります。

ゼッカさん桁違いの顧客リスト持っておられますので。〝しろえび小判〟うますぎです。ゼッカさんとゼッカさんの奥さんと私とで奪い合って食べています。〉

「ゼッカさん」とは最高級リゾートホテルとして知られる「アマン」グループを創業したエイドリアン・ゼッカ氏のことだろうと思われます。アマンを離れてからも数々のホテルビジネスを成功させ、日本でも瀬戸内海に旅館を作っています。

もともと１９５０年代にジャーナリストとして東京に住んでいて、箱根や伊豆の旅館に魅せられたというゼッカ氏が、次に考えているのが富山県ということなのでしょうか。

新幹線開通で観光客を伸ばした富山県の「食」を象徴するレストランとは

実は、富山県は私の祖父の出身地であり、さまざまなご縁から現在、「とやまふるさと大使」を拝命しています。そのため、富山の方々とはかなり以前から交流があるので知っているのですが、かつて北陸新幹線構想が具体化された頃、富山は強い危機感を持っていたのです。

県の関係者は、当時こんなことを言っていました。

「北陸新幹線が金沢まで通じると、富山はスルーされて、観光客は全部金沢に取られてしまうのではないか」

実際、新幹線開業半年後に富山国際大学現代社会学部がアンケート調査をもとにした「金沢を訪れた観光客から見た富山県観光」によると、

〈今回の旅で（金沢の前後に）富山県を訪れるかどうかを尋ねたところ、「訪れる（た）」は80名（18・5％）、「訪れない」は350名（80・8％）、無回答は3名（0・7％）であった。「訪れない」と答えた350名に対しては、富山県を訪れない理由も尋ねた結果、「時間がなかった」（180名）、「主な目的地が金沢」（143名）といった回答が多数を占めた。（中略）富山県には「魅力に感じる観光地等がない」と回答した人も14名いた。少数意見ではあるが、富山県にとってはもっとも厳しい意見といえる〉

と分析しており、富山県の危機感が裏付けられる結果となっています。

では実際はどうだったのでしょうか。

2015年に北陸新幹線が開通してから1年で金沢を訪れた人は20％増の1千万人を超え、兼六園の入園者数は前年比1・5倍になったといいます。

金沢は海の幸も豊富で古くから「金沢料理」と呼ばれる日本料理も進化を遂げていて、「金城樓」に代表される古くからの料亭、「銭屋」「つる幸」（のちに閉店）などの由緒ある割烹とともに、「片折」「さかい」といった新しい店が増えました。

近年は寿司人気も高く、「すし処めくみ」「乙女寿司」「鮨 志の助」といった有名店は予約が取れないほどの勢いとなっています。

北陸に行くなら金沢にまず行こうと考えるのは当たり前のことかもしれませんが、当の金沢市が予想していた人数をはるかに上回る観光客だといいます。

ところがです。

危機感を募らせていた富山県も同様に伸びているのです。２０１５年の観光客増加数は17・5%で、15%の石川県全体と比較すればむしろ勝っています。２０１５年から２０１８年まででも30%増になっているのです（「北陸新幹線開業5年目の交流人口変化がもたらす富山への経済波及効果」日本政策投資銀行編より）。

その背景には富山の食が世界から「発見」されたという理由がありました。２０１６年に発表された『ミシュランガイド富山・石川（金沢）２０１６特別版』では、３つ星を獲得したのは富山市内の「日本料理 山崎」のみ、石川県はゼロだったのです。

しかし、富山県が「食」で伸びた象徴的なレストランは山崎ではないと私は思っています。

富山市郊外のリゾートホテルで産声を上げ、その後、南砺市利賀村《なんとしとがむら》という人口わずか５００人で、交通も不便なところに移転した「L'evo（レヴォ）」というオーベルジュ（宿泊機能を持ったレストラン）がそれです（第4章でも紹介したように、同店は、「Destination Restaurant of the Year 2021」に選ばれています）。

レヴォはもともと、富山市にあるホテル「リバーリトリート雅樂倶《がらく》」のフレンチとして有名でしたが、谷口英司シェフが利賀村の食材に惚れ込み、2020年に移転したのです。

利賀村は、富山駅から車で約1時間半。岐阜県に隣接する標高1000m級の山々に囲まれた谷あいの、富山県内でも指折りの豪雪地帯にあります。過去は多いときには4メートル以上も降っていたといわれ、1971年まで、冬季は雪のために車が往来できず、閉ざされた地域だったそうです。村の主産業は観光ではなく、農業、山菜の加工、岩魚の養殖などですが、人口減少に悩まされている地区です。

レヴォがオープンした2020年12月は、まさに雪が1メートル以上積もったときでした。しかし、オープン当初からフーディーたちは、続々と訪れました。

利賀村のレヴォは、約7500㎡の敷地にレストラン棟、コテージ、サウナ棟、パン小屋など6棟が建っています。

「L'evo〈レヴォ〉富山県利賀村　地方料理は進化を遂げる」（Discover Japan　2021年4月6日付）で谷口さんはこう語っています。

〈「山菜を採りに来て、秘境感が気に入りました。ここでなら、薪を燃やしても炭をおこしても誰にも迷惑をかけない。思いきり、好き放題に料理ができると思いました」

「地域を知れば知るほど、料理が進化する。それを教えてくれ、僕の料理観を180度変えたのが富山でした」

「利賀村には、郷土料理や食材保存の知恵があります。まだまだ知らない食材もありますし、知るほどに村が好きになっています。ここでさらに進化するL'evoの料理をぜひ食べに来てください」〉

宿泊はできるものの、コテージは3室しかないため、予約が取れなければまた1時間半かけて戻らなければなりません。しかし、そんな不便な場所に訪れることが、実はフーディーたちには勲章になっているのです。

2021年のことです。都内のあるレストランのテーブルを4人で囲んだとき、私以外の3人がオープン当初にレヴォを訪れており、全員が山道の運転の怖ろしさをある種、嬉しそうに語っていたのです。

「レヴォに到着する手前の右カーブはこわかったよね」

「そうそう、スピンするかと思った」

など、都内にいて富山県の山奥の道路についてあんなに楽しそうに語っている光景を、私ははじめて見ました。それくらい、フーディーたちにとって、できたばかりのレヴォに行くことは嬉しい出来事だったのです。

私も先日、レヴォに行きました。この日のディナーでは猪、熊、牡蠣、甘鯛などが出ましたが、すべて地元のもの。谷口シェフの料理はいまやフレンチというより、彼固有の料理でした。しかも朝ごはんは、ごはんと味噌汁で食べる完全な和定食です。

しかし、谷口さんの話をうかがうと、その意味がよくわかりました。

谷口さんが富山に来たのは、ホテルからの誘いを受けてのこと。当初は富山で本格的フレンチをやろうと意気込み、フランスや関西から食材を送らせていたそうです。ところがそれが空回りして悩んでいたとき、富山の食材の旨さや調理方法に気づいたのです。

「一緒に山菜を採りにいっても、地元のおばさんたちはすぐに塩漬けにするんですね。当初は『そのまま食べたほうが美味しいのに』と思っていたのですが、地方をめぐってよくわかりました。それって、豪雪に閉ざされた地域で生き抜く知恵なんです。地方には、その地方に根差した独自の料理があるんだから、そしてせっかく富山にいるんだから、それを使った料理をつくったほうがいいんじゃないかと気づいたのです」

現在のレヴォは、食材も器や工芸品もすべて富山のものを使っているそうです。生産者や職人と話をしていると、料理の新たな発想が湧いてくると、谷口さんは嬉しそうに話してくれました。

谷口さんの毎日は、敷地内にある土づくりから手掛けた農園で野菜を育て、天然の山菜やきのこを採り、パンを焼く生活です。料理や洗い物や飲料に使う水も裏山から引いています。

そういう経緯を知ってから食べたレヴォの料理はとてもエキサイティングでした。ディナーで出された猪、熊すべて利賀村の契約猟師が獲ってきたもの、ペアリングで出されたお酒もすべて富山のワイン、日本酒でした。料理が載せられた器や工芸品もすべて富山のものです。

いっぽう、宿泊客のみが食べられる朝食は、利賀村で受け継がれてきた朝ごはんをイメージした日本食です。味噌汁は近所の南砺市の種麹店の麹を使い、大豆を通常の3倍以上使う利賀豆腐の煮物、郷土料理のジャガイモの甘い煮っころがしなどが出されます。米はもちろん、富山のコシヒカリです。

訪れる前は「朝ごはんがなんで和食なの？」と思っていたのですが、食べて納得しました。ある意味、夕食は彼が富山に来て利賀村に移転するまでの葛藤と思いを料理にし、朝食は利賀村に居つくことにした谷口さんのいまの気持ちを描いているようにも感じたのです。

朝食で私が気に入ったのは利賀豆腐の煮物でした。固くて重い豆腐なのですが、大豆の味がしっかりとして、優しい風味の出汁と絶妙に合うのです。帰り道に作っている豆腐店に立ち寄り、お土産に購入したほどでした。

富山県利賀村にあるオーベルジュ「レヴォ」の朝ごはん。

「レヴォ」の名物料理、レヴォ鶏。

これは「レヴォ」のメインディッシュ。

「レヴォ」のレセプション棟。

「レヴォ」のコテージ内観。

観光におけるトリクルダウンの理想形

富山にレヴォを「発見」したフーディーたちは、それをきっかけに、富山にはほかにもたくさんの美食があることを知りました。いや、すでに知っていたのかもしれませんが、それがただの点ではなく、線になり、面になったのです。

寿司でいえば「鮨人」や「大門」、イタリア料理は「ひまわり食堂」、日本料理「ふじ居」「山崎」、ワイナリー「セイズファーム」、割烹「ねんじり亭」など、富山全域にわたって美味しい料理屋が続々と発見されていきました。

たとえばセイズファームは開業が2007年のワイナリーです。氷見市《ひみし》で魚問屋「釣屋魚問屋」を経営していた釣吉範さんの弟・誠二さんが氷見の魚に合うワインを作りたいという思いではじめたワイナリーでしたが、誠二さんは開業を前にして早逝。弟さんの思いは兄の吉範さんに引き継がれ、現在はレストランも宿泊施設もあるオーベルジュとなっています。セイズファームのワインは私も愛飲していますが、日本ワインがこれほどブームになる前から素晴らしいワインをリリースしています。特にここのシードルはリーズナブルでおすすめです。

また、日本料理「ふじ居」は当初、富山市内の別の場所にありましたが、いまは富山港近くの岩瀬地区という場所に移転しました。

岩瀬地区は富山駅から電車で20分ほどのところで、富山の地酒「満寿泉《ますいずみ》」で知られる舛田酒造店がありますが、その5代目当主・桝田隆一郎さんが岩瀬の町にたくさんのレストランを呼びよせ、フーディーの聖地にしたのです。

岩瀬のメインストリートにはふじ居をはじめ、寿司屋、居酒屋、蕎麦屋、イタリアンやフレンチ、日本酒造店などが揃っています。2022年には、魚津《うおづ》市からは「ねんじり亭」が、朝日町からは「酒蕎楽《しゅきょうらく》 くちいわ」も移転してきました。どれも舛田さん自らが口説いて実現した移転です。

利賀村、氷見市、岩瀬地区の試みは周辺も動かしました。

富山駅から30分ほどのところに、富山の前田薬品工業の前田大輔社長がレストラン、アロマ工房、オーベルジュなどを備えたハーブ園「ヘルジアン・ウッド」を作っていますし、射水市《いみずし》新湊《しんみなと》ではホテルやカフェなどの場づくりが行われています。かつて富山の美食といえば、氷見のブリや白海老くらいだったのに、この数年でフーディーたちには、こうしたレストラン群がある美食の宝庫と認知されたのです。

しかも富山の発展の素晴らしいところは、レヴォにしても氷見にしても岩瀬地区にしてもヘルジアン・ウッドにしても、どれも民間主導の事業であることです。

公の力を借りなくても、自分のいる地域を発展したいという思いをきちんと形にし、それが食に関することであれば、世界中のフーディーが見つけて、評価してくれるのです。

谷口シェフもこう話します。

「僕は、レストランは大人の遊園地だと思っていますし、レストランにはそれだけの可能性がある。レヴォの場所を使ってもっといろいろなことをしたいし、利賀村全体で新しいことをしたい。ここにたくさんの人が来て、利賀村のみんなが潤うようになってくれたらいいなと思います」

これこそまさに、私が提唱するトリクルダウンの理想形だと思います。

ひとりの突き抜けた存在（ヘンタイ）が現れ、それをフーディーが見つけ、アーリーアダプターにつながり、富裕層が行きたがる存在になるわけです。それと並行的にさまざまな刺激的な場所が発見され、面のツーリズムになっていくという仕組みです。

このようになれば、富山はガストロノミーツーリズムが促進され、さらにはラグジュアリーツーリズムに向かっていけると思います。

それをさらに大きな面に発展させれば、もっと素敵なラグジュアリーツーリズムを作り上げることができるのではないかと私は思っています。それが「北陸オーベルジュ構想」です。

軽井沢×福井のコラボレーション

２０２２年に軽井沢町は、福井県と相互発展に向けた連携協定を結んでいます。観光・経済・文化・スポーツ等で連携を図り、それぞれの地域の、よりいっそうの活性化を進めることを互いに協力することになったのです。

この協定の立役者は、福井県側は中村保博副知事ですが、軽井沢側は「しらかば会」という軽井沢の別荘保有者の親睦会会長でもある鈴木幹一信州大学特任教授です。私もしらかば会の一員であることから、これまで福井県には何度も訪れており、福井県のポテンシャルをよく知る立場にいました。

もともと福井県は2024年に北陸新幹線が延伸することから、延伸するまでに福井の観光を盛り上げようと、さまざまな施策を考えていました。私たちしらかば会もみんなでどうやって福井県を盛り立てようかと構想していったのです。

福井県からしてみれば、本来は東京に直接工芸品や農産物、水産物などを売りたいでしょうが、いきなり東京で売ろうとしてもむずかしい。しかし、軽井沢の別荘族はある意味、東京の出島のようなものだから、ここで福井県の素晴らしさをアピールすれば、結果的には東京の富裕層へ早く伝わると考えたのです。

福井県は海や山の産品や野菜が秀でた県です。しかし、地方自治体にはありがちな話ですが、PRがうまくありません。たとえば福井の方は「越前ガニはもう有名だから、若狭カレイやへしこを売りたい」といいますが、東京から見れば越前ガニでさえも、間人《たいざ》ガニ（京都府）や松葉ガニ（鳥取県）と同じに見えています（どれもズワイガニのブランド名です）。

その反面、福井県が優位なのは、オールシーズン、人を呼べることです。軽井沢が苦労しているのは冬に観光客を呼び寄せる方策ですが、福井県は寒い冬が越前ガニを食べられる一番の繁忙期。気候のいい春から秋の集客を考えればいいわけです。

そんなご縁で何度か福井を訪れた感想は、「地方にはまだまだ埋もれている宝が多くあるなあ」というものでした。かつて大先輩が「旅はいいよ、必ず発見がある」と話してくれたことを思い出します。

越前ガニに関しては坂井市三国町にある料理旅館「望洋楼」が一番有名です。望洋楼は明治時代から料理旅館として知られてきましたが、2020年5月から約1年半ほど休館し、全面改装。2021年11月にリニューアルオープンしました。

以前は和風旅館でしたが、今回の改装で建物は洋風になり、オーベルジュといったほうがいいかもしれません。かつてあった大浴場がなくなり、すべての部屋が温泉かけ流しの温泉を備えたスイートルームとなり、部屋数も10室から7室に減りました。すべての部屋から海が見え、なかでも朝夕の日が昇る景色は絶景です。

一説には、三国港で獲れる一番いい越前カニがすべて望洋楼へ行くといわれているほどで、「献上蟹」「極」と呼ばれる最高級のランクの越前ガニが食べられます。朝食の若狭ガレイも素晴らしい身質です。

泊まる場所は別にしようと考えるのなら、同じ三国町の「川㐂」も古くからある、素晴らしいカニ料理店です。望洋楼ほど押し出しが華やかではないために、実質的なことを評価するフーディーたちにはこちらのほうが人気かもしれません。

寿司といえばお隣、石川県金沢の店ばかり名前が出ますが、たとえば福井市内の「十兵衛」は、金沢を制覇したフーディーたちが集まり、予約は至難を極めます。十兵衛もそうですが、福井の寿司屋の特徴は、繁華街よりも住宅街にうまい店があるところ。福井県民の奥ゆかしさとも関係するといわれますが、観光客がわからないようなところに名店が潜んでいるのです。そんなところで、福井県の富裕層は、シャンパーニュと寿司を合わせているとも聞きます。私も寿司は、日本酒でなければシャンパーニュが一番合うと思います。

福井県が面白いのは、美食そのものに加えて、美食を彩る領域に見どころがあることです。これまで私が訪れたところ以外にもいい場所はいくらでもあるのでしょうが、私が素晴らしいと思ったのは、高村刃物製作所、奥井海生堂、黒龍酒造の3つ。どれも食を愛する人にはなじみが深いところばかりです。

高村三兄弟が父親から継承した高村刃物製作所は、その切れ味のよさで、日本のみならず世界中の一流シェフが使うステンレス包丁の聖地です。

刃物工場が集まる地域の一画にあり、なんの変哲もない外見ですが、事務所を訪れると世界中の一流シェフが訪れた写真がずらり。さぞや近代的な設備が導入されているのだろうと思っていたら、ほとんどの工程は人間の力を使うだけ。これだけ世界中から注文が殺到しているのに、本人たちはまったく偉ぶることもなく、職人としての世界を追及しているのです。

いっぽう奥井海生堂は古くからある昆布問屋。天然の良港である敦賀《つるが》は、江戸時代から松前貿易の中継地、関西の玄関口として栄え、関西で大量に消費される昆布が北前船で荷揚げされるようになったのです。その昆布の商いを明治の時代に入ってから本格的にはじめたのが奥井海生堂で、１４０年以上の歴史があります。

４代目の当代は高級昆布の仕入れに力を傾注。うま味をさらに増すために専用昆布蔵を立て、熟成をはじめました。その昆布蔵を特別に見せてもらいましたが、一番古いのは平成元年のものですでに30年以上の歴史。職人によると適正な温度と湿度で管理されているため、昆布の持つ磯臭さや昆布臭が取り除かれ、深い味わいを持つといいます。

黒龍酒造はいまや日本を代表する酒造会社ですが、福井県では美酒を醸す酒蔵として有名だったものの、かつては知る人ぞ知るメーカーでした。

ところが今上天皇が若い頃から愛飲され、ご成婚のときの引き出物に最高峰の大吟醸「黒龍 石田屋」が使われたことで有名になったのです。いまでは「しずく」「二左衛門」「八十八号」などの人気銘柄を開発し、いずれも手に入れることが困難な酒となっています。私は以前、特別に酒蔵を見せていただいたことがありますが、地方の酒造メーカーはインバウンドには特に面白い場所になると確信しました。

こうした重層感のある「食の宝庫・福井」をさらに発展させようと、福井県は思い切った政策を考えました。

ひとつは福井駅前の再開発です。西口に100メートル級のビルを2棟建て、ホテルやオフィス、住宅を入れる予定です。さらに花街として知られる浜町を大人の楽しめる街として再開発しようと「県都まちなか再生ファンド事業」の活用を決め、老舗料亭「開花亭」の開発毅社長が旗振り役を担っています。

そしてふたつめとして、2021年5月に「福井県オーベルジュ誘致推進事業補助金」（オーベルジュ補助金）を制定し、北陸新幹線福井・敦賀開業に向け、世界的に評価の高いシェフが料理を提供するオーベルジュの整備費について支援することを決定したのです。

その内容は、

・世界的に評価の高いシェフが有するレストランであること
・40㎡／室以上の客室を有すること
・Ｗｉ‐Ｆｉや多言語表示、キャッシュ対応など、国内外から観光客の受入環境を有すること

以上を条件として予算額の4分の1、最大2・5億円の補助をするというものです。この計画が発表されてから、福井県内ではいろいろなオーベルジュ計画が浮上してきました。

敦賀市の海岸沿いには、三重県でリゾート運営をしているアクアイグニスが名乗りを上げていますし、黒龍酒造は九頭竜川《くずりゅうがわ》に面した場所に8棟の露天風呂付きのヴィラとレストランを持つオーベルジュを建設。2024年4月の北陸新幹線の延伸までに開業を予定しています。レストランは福井市の1つ星日本料理店「馳走えん」が移転することになっています。

ＮＴＴ西日本は、福井県坂井市三国湊エリアの観光まちづくりを推進する新会社「アクティベースふくい」を設立しました。「アクティベースふくい」は、町屋10棟を宿泊施設に改修し、町の中心にあるＮＴＴ局舎を宿泊フロントとしてリニューアルして「町まるごとオーベルジュ」とする予定で、シェフには「オテル・ド・ヨシノ」で有名な吉野健氏を招聘し、三国湊の食材を活用した料理を提供することになっています。

福井県は北陸の奥座敷で、これまで有名でない分、今後に発展の伸びしろがあると思いますが、

それにはもうひとつ、レヴォ級の美食レストランが欲しいと思います。

今後できるオーベルジュが、そのようなクラスのものになるなら、福井県はガストロノミーツーリズム、ラグジュアリーツーリズムの成功例になれるに違いありません。いま現在でいえば、これからできる3つのオーベルジュに期待が高まりますが、実は水面下で絶景の場所に最高級のオーベルジュを作りたいという動きもあるという情報が流れてきています。この計画が本当に進めば、素晴らしいものになりそうで、私はとても楽しみです。

富山県・福井県が、人気観光地の金沢を擁する石川県と手を組む横断型のツーリズム

ただ、北陸地方が県単体でお互いにフーディー、観光客の奪い合いをしていてもしょうがありません。インバウンドにとってみれば、福井県も石川県も富山県も一緒だからです。

それを逆手にとって、福井県、富山県、そして金沢や能登を擁する石川県が手を組むことで横断型のツーリズムが出来上がれば、日本でも有数のラグジュアリーツーリズムになります。それが私の考える「北陸オーベルジュ構想」です。しかも、北陸地方にあるオーベルジュは本格的なものが数多くあります。

前述したように2023年3月に、観光庁によるインバウンドの富裕層を呼びよせるためのモデ

ル観光地として「北陸」が選ばれました。北陸はこれまで、それぞれの県が競ってインバウンドを誘知してきましたが、モデル観光地に選ばれたことでお互い、手を取りあって進まなくはいけなくなったわけです。私はこれがきっかけで、北陸オーベルジュ構想が本格化すればいいと思っています。

石川県小松市に2022年夏にできた「オーベルジュ オーフ」は、35歳以下の有望シェフコンクール「RED U-35」で優勝した糸井章太シェフを招聘し、フランス料理を基本にしたイノベーティブ料理を供するオーベルジュです。

もともと廃校になっていた小学校を改装して建てられているのですが、隣の中学校は先行して、「酒造りの神様」ともいわれる杜氏《とうじ》、農口尚彦《のぐちなおひこ》さんの酒蔵「農口尚彦研究所」になっており、どちらもフーディーにとってはたまらない場所です。

私は最近、オーフも農口尚彦研究所も訪れていますが、糸井シェフの料理が素晴らしいだけでなく、既存の小学校のイメージを壊すことなく、懐かしさも感じられるオーベルジュに仕上げた施設の雰囲気は見事なものです。

彼もレヴォの谷口シェフ同様、小松市は縁もゆかりのない場所だったそうですが、いまはここで成功して、日本中に地方創生の核になるようなオーベルジュを作りたいと、熱をこめて私に話して

「オーフ」の料理。開店は2022年夏。

石川県小松の「オーベルジュ オーフ」の料理。

「オーフ」では、フレンチを基本としたイノベーティブ料理を供する。

「オーフ」外観。廃校になった小学校を改築。

「オーフ」のレストランスペース。

くれました。

隣の農口尚彦研究所にも素晴らしいキッチンラボがあり、全国からトップシェフを集めたコラボイベントも行われています。こうした試みが、地方の廃校で企てられているというのはとてもわくわくする話です。先日はオーフで、レヴォの谷口シェフとオーフの糸井シェフがコラボを行い、ペアリングには農口尚彦の酒を使われるという、夢のような企画も実現しました。

能登半島の石川県七尾《ななお》市の「ヴィラデラパーチェ」は、2016年に市内で開店、当時からわざわざフーディーが訪れるイタリア料理店として知られていましたが、2020年に七尾市の旧海水浴場跡地にオーベルジュとして移転しました。2021年のミシュランガイドでは1つ星に輝いています。

能登半島は交通の便が悪く、訪れるのも大変なところですが、レヴォのように、不便であるがゆえに能登半島を目指すフーディーは年を追うごとに増えています。

2024年以降にできる福井県のオーベルジュと石川県のオーフ、ヴィラデラパーチェ、富山県のセイズファーム、レヴォ、岩瀬地区、ヘルジアン・ウッドのほかにも、新潟には「カーブドッチワイナリー」という素晴らしいオーベルジュのついたワイナリーレストランがありますし、海岸沿いは「新潟ワインコースト」と呼ばれ、「フェルミエ」や「ドメーヌ・ショオ」などいいワイナリ

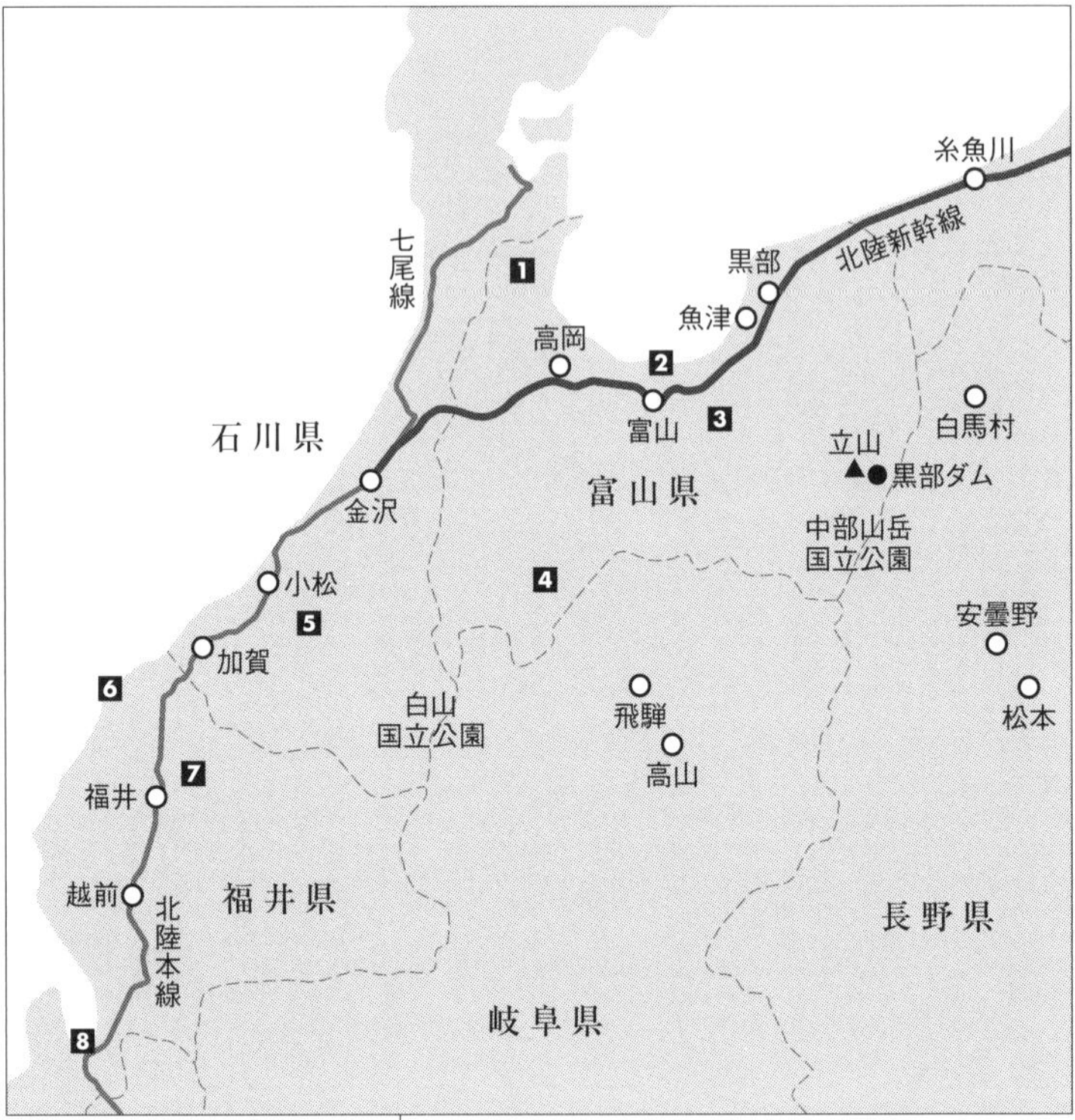

北陸
オーベルジュ構想

1. セイズファーム
2. 桝田酒造店
3. ヘルジアン・ウッド
4. レヴォ
5. オーベルジュ オーフ
6. 望洋楼
7. 黒龍酒造
8. 奥井海生堂

ーもたくさんあります。「カーブドッチワイナリー」は、息子さんが東京で「Ata」などのフランス料理店を経営しており、そことのコラボもたびたび行われています。

富山東部にはいまのところ目立ったオーベルジュはありませんが、黒部宇奈月温泉駅の近くに地元の料理人を中心とした素晴らしいオーベルジュを建設する計画が進んでいると聞いていますし、魚津市には昨年、ワイナリーができました。また、新潟県糸魚川《いといがわ》市にも新進気鋭のシェフを迎えたオーベルジュ計画が進行しています。

これらのオーベルジュ、レストランを回れば、素晴らしい北陸の幸を味わうことができます。これこそが、面でガストロノミーツーリズム、ラグジュアリーツーリズムの良さを提示するとてもいい例だと私は思います。私の考える美食、フーディー、インバウンド、富裕層のすべてを満たす条件でもあります。

最初から北陸すべての地域を均等に発展させるのではなく、こうした先進事例にまずインバウンドや国内富裕層を呼び寄せる「トリクルダウン」方式を導入すれば、将来的には北陸全体が富むようになると私は思うのです。そういう意味で、今回のモデル観光地のひとつに選ばれたことは、素晴らしい第一歩です。

第8章

瀬戸内海のラグジュアリーツーリズム

すでに面のツーリズムが成功しているところに瀬戸内海があります。なかでも尾道周辺のラグジュアリーツーリズムは素晴らしいものがあります。

尾道の美食・観光をリードするのは常石《つねいし》グループです。海運・造船からはじまり、現在ではエネルギー、環境、ライフ&リゾートなど地域社会に根差す多様な事業を展開していますが、ラグジュアリーツーリズムの象徴ともいえるのが「ベラビスタ スパ&マリーナ 尾道」です。

もともとは1973年、尾道の丘の上に常石造船の迎賓館として誕生した場所ですが、2007年に大規模なリニューアルを行い、瀬戸内海を一望できるリゾートとして生まれ変わったのです。

館内の「Erretegia（エレテギア）」はバスク料理を出すメインダイニングで、サンセバスチャンで修業したシェフが腕をふるいます。

また「鮨 双忘《そうぼう》」はカウンターの向こうに尾道港を見下ろし、瀬戸内海の景色を眺めながら瀬戸内鮮魚だけの握りを楽しみます。ですから、「寿司にはマグロはない」というこだわりです。ホテルのレストランというとこれまで、平均点はあってもそれ以上の感動がないところが多かったのですが、この2店は街場のレストランを凌駕する感動を与えてくれました。

しかし、ベラビスタで私が体験した中で最高のオプションは「アイランドビーチ」でした。瀬戸内海の無人島にある宿泊ゲスト専用のプライベートビーチです。

マリーナから専用クルーザーで出航し、シャンパーニュを飲みながら絶景を眺めていれば10分ほどで島に到着します。

桟橋から到着すると、島にはすでにテントが張られ、テーブルには海や山の幸が盛られており、それをエレテギアのシェフが料理してくれるのです。こちらはワインを飲みながら、バーベキューを楽しめばいいわけで、アジアのラグジュアリーリゾートのような体験が、まさか瀬戸内海でできるとは思いませんでした。

瀬戸内宿泊遊覧船「ガンツウ」を運営するのも常石グループです。

ガンツウは瀬戸内海に浮かぶ、小さな宿。見た目は遊覧船そのものですが、全室テラス付きの19室の客室は50平米以上で露天風呂があるものがほとんどです。「お好きなものを、お好きなだけ」をコンセプトとする和洋のダイニング、鮨カウンター、バー、目の前で和菓子を作ってくれるラウンジ、檜《ひのき》の浴槽とサウナのある浴場などもあり、客が思いのままに過ごせる空間が広がっているの

「ベラビスタ スパ＆マリーナ尾道」のオプショナルツアー「アイランドビーチ」で行われるBBQ。サンセバスチャンで修業したシェフが料理してくれる。

宿泊ゲスト専用のプライベートビーチ。

瀬戸内海の無人島の浜辺でBBQを楽しむ。

です。ただしお値段は、2泊3日2人で最低でも100万円以上。しかし、その値段なのに客室は常に満室、3回目、4回目というリピーターが多いというから驚きます。

オーベルジュでいえば「瀬戸内リトリート青凪」も素晴らしい空間です。もともとは安藤忠雄さんが建築・設計した製紙会社の美術館だったところを全7室のオールスイートにしたのです。わずか7室のために2つのプール、ジャグジー、サウナ、ギャラリーを完備。瀬戸内の食材を使ったダイニングも好評です。

最近では尾道市の名旅館「西山別館」が「Ryokan 尾道西山」としてリニューアルしました。私はまだ訪れていませんが、文化人が愛した老舗がどう変わったのかが楽しみです。

食とともにラグジュアリーツーリズムに重要な要素であるアートにおいては、瀬戸内海は日本で最も進んだ地域といっていいでしょう。

なんといっても、2010年から3年ごとに開催されるトリエンナーレ形式の「瀬戸内国際芸術祭」が有名です。場所はベネッセが現代アートの聖地として開発してきた直島《なおしま》を中心とし、瀬戸内の島々に展示される美術作品、アーティストや地元の伝統芸能と連携したイベントなどで構成されています。2010年は延べ90万人の来場者が、2019年には118万人になったほどで（2022年はコロナのために減少）、ここにも安藤忠雄さんの作品群が並びます。

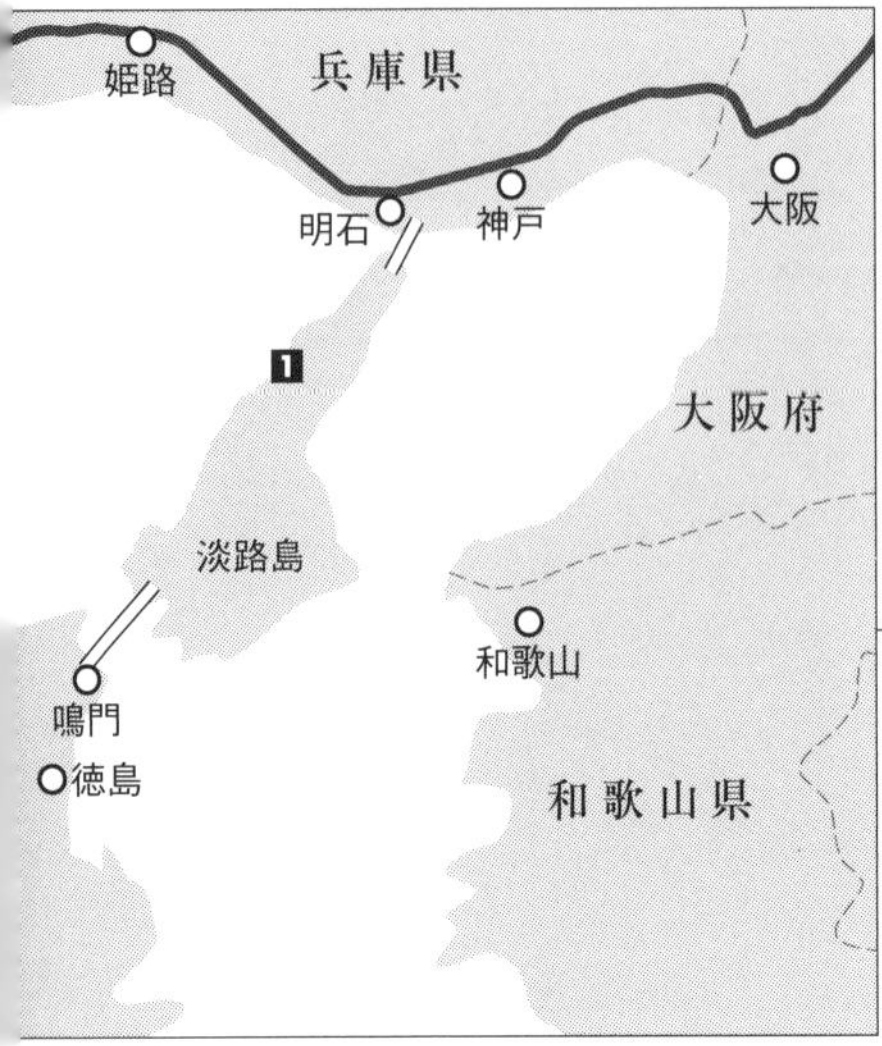

瀬戸内海ラグジュアリーツーリズム

1 KAMOME SLOW HOTEL
2 acca
3「アートの島」直島
4 ベラビスタ スパ＆マリーナ 尾道
5 あか吉
6 瀬戸内リトリート青凪

瀬戸内海沿岸には、日本料理から西洋料理、中国料理まで、美味しい店がいくらでもあり、フーディーにとっては何度でも訪れたい場所ですが、その中から、ふたつほどご紹介しましょう。

「acca（アッカ）」は岡山県瀬戸内市牛窓《うしまど》にあるイタリア料理店です。周囲にはオリーブ園が拡がり、瀬戸内海を見下ろす最高のロケーションにあり、広々とした店内は天井が高く、開放感が抜群です。

シェフの林冬青《はやしとうせい》さんは東京・広尾で１９９７年から店を開き、その頃からすでにフーディーのあいだでは有名な店でしたが、２０１４年にこの地に移転。東京で活躍したシェフが地方に戻るケースは少しずつ増えていますが、ほとん

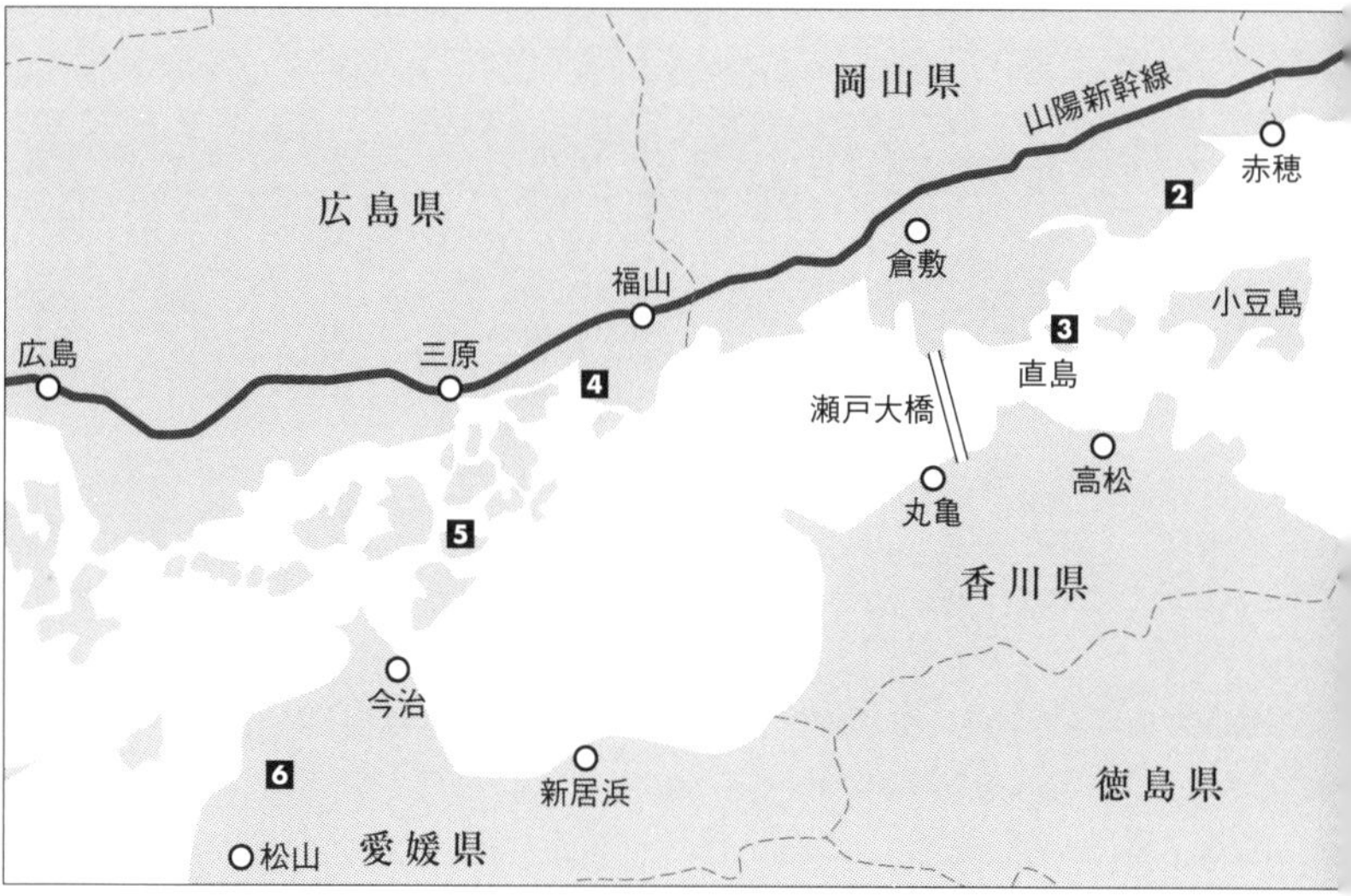

どは自分がかつて過ごした土地に戻って開店するケースです。しかし、林シェフはまったく縁のない場所への移転を決意したのです。

東京で評判になった技術に目の前の新鮮な食材が加われば鬼に金棒。アクセスはとても不便なのにもかかわらず、世界中のフーディーが牛窓を目指して訪れています。

もうひとつはミシュランの星も取っている寿司店「あか吉」です。広島県尾道市から愛媛県今治市を結ぶ「しまなみ海道」沿いの伯方島《はかたじま》にあり、最寄り駅は今治ですが、そこからタクシーで1万円ほどかかります。それなのにコロナ前は連日連夜満席で、全国から客がやってくるのです。

ベラビスタと同じようにマグロは置かず、あるのは地元の魚だけ。握りの合間に鍋や中華、ときには焼肉も登場するのが、あか吉の面白いところです。

あか吉を有名にしたのは、地元の漁師で神経締めの名手として知られる藤本純一さんとタッグを組み、極上の魚が入荷することが知られてからでした。地元でしか食べられない魚を食べさせてくれることこそ、観光の醍醐味。しかも、こうした情報はフーディーにとっては極上の酒肴なのです。

ほかにも瀬戸内海周辺には数多くの美食を楽しめる場所があります。中国地方だけでなく四国地方にもありますし、瀬戸内海をどこまで定義するかによりますが、淡路島も入れると、さらに魅力は深まります。

淡路島はラグジュアリーツーリズムとは少し路線を異にしますが、ここ数年、リゾート開発が積極的に行われています。

淡路島を最初に開発したのは人材派遣のパソナグループです。2008年から独自の地域活性事業に取り組んで、文化、芸術施設、レストラン、教育施設を建設し、2020年には南部靖之代表がリゾート地でテレワークを行うワーケーションを提案。東京・大手町にある本社機能の一部を淡路島に移転する計画を発表し、最終的には1200人が移住することになっています。

パソナに次いで現在、淡路島のリゾート開発に関わっているのが飲食産業のバルニバービです。

淡路島の海や自然と共に〝食べる〟をキーワードに地域を盛り上げようと、２０１９年にイタリアン「GARB COSTA ORANGE」を開業。その後は宿泊施設としては「KAMOME SLOW HOTEL」や「KAMOME SLOW HOTEL Sustainable Cottage」「Lazy Inn」の3軒。飲食店では「淡路島 回転すし 悦三郎」、「中華そば いのうえ」、ビアガーデン＆ＢＢＱ「オオハマビーチテラス」などもオープンしました。眼の前に大阪湾と和歌山湾がつながる海が広がり、サンセットの美しさが際立つ場所をうまく使った再開発です。

当初は尾道周辺の富裕層旅行の充実としてはじまり、そこについては着実に進歩している瀬戸内海ですが、もっと一般的な層に発展していったという意味では、淡路島はガストロノミーツーリズムのとてもいい例だといえるでしょう。

フーディーたちが見つけた新ルート「岐阜〜滋賀〜京都」

いっぽう、フーディーたちが独自に開拓した「面のガストロノミーツーリズム」といっていいのが、「岐阜・滋賀・京都ルート」です。その土地土地で地味に、しかし美味しい料理を出していた店が彼らに「発見」され、そこをつなぐルートが開発されたのです。しかし、すべてをまわるには車を使うしかありません。

まずは岐阜県瑞浪市《みずなみ》にある「御料理 柳家」です。電車で行くなら中央線瑞浪駅からタクシーで20分ほど。江戸時代後期の古民家を移築した店内はすべて掘り炬燵席で構成され、四季折々の食材が囲炉裏で焼かれます。交通がこれほど不便なのにもかかわらず、東京からも連日のようにフーディーが訪れ、ミシュランでは2つ星に輝いているのです。

柳家をあとにすると通常、次の目的地は「徳山鮓《とくやまずし》」になりますが、天邪鬼《あまのじゃく》なフーディーはその途中に「摘草料理かたつむり」に向かいます。こちらも岐阜県山県市《やまがた》の山奥にあり、天然きのこや山菜、猪、鹿、月の輪熊、穴熊、天然鴨などの食材が季節に応じて食べられる店です。こちらも完全予約制にもかかわらず、東京から有名人も押し寄せます。

「徳山鮓」は琵琶湖の北側にある余呉湖の湖畔にある和風オーベルジュ。発酵の聖地ともいわれ、鮒鮓《ふなずし》など地元の発酵食品を使った料理が楽しめますが、冬は熊鍋も名物です。

琵琶湖の西側には「比良山荘《ひらさんそう》」があります。京都と若狭を結ぶ鯖街道沿いの、自然豊かな滋賀県大津市葛川坊村町《かつらがわぼうむらちょう》の山深い里にある料理旅館ですが、宿泊施設としては簡素で、食事を楽しむためだけに訪れるフーディー仕様といえるでしょう。

春は山菜、夏は鮎、秋は松茸、冬は月の輪熊などのジビエを季節に応じて出すなど、食材はこれまでの4軒ともだいたい同じですが、同じ熊鍋でも比良山荘と徳山鮓では出し方が違い、それを楽しむのがフーディーの味わい方です。彼らがこうしたところに行くときには高級ワインがお供。グランヴァンと呼ばれる高級ワインを持ち込み、料理と一緒に味わいます。比良山荘までくると京都へは、1時間もかからないほど。京都でさらに数泊して、美食を楽しむフーディーもいます。

このルートは食事を楽しむこと以外には、ほとんど楽しみがありません。しかも、食材は似通っているだけに、その微妙な差を楽しむガストロノミーツーリズムになります。

こうした楽しみ方は、美食をたしなむフーディーならではの上級編的な旅ですが、少なくとも彼らに発見されたことで、これらの店は繁盛し、それにともなって周辺の店もどんどん発見されています。たとえば「摘草料理かたつむり」は私の記憶では、「柳家よりもっといい店が近くにあるよ」という口コミから人気が出ましたし、最近では、徳山鮓から比良山荘ではなく、敦賀や越前に抜ける道も開拓されています。

三重～和歌山の「美食街道」にインバウンド観光の大いなる可能性を見る

2023年からガストロノミーツーリズムに力を入れているのが三重県です。2022年10月には『三重の「食」をテーマとした観光資源調査業務委託』に係る企画提案コンペを実施。ガストロノミーツーリズムを三重県に導入しようと動き出しています。

三重県と言えば、伊勢神宮や松阪牛、伊勢海老、さらには志摩や英虞湾《あごわん》、賢島《かしこじま》もあり、観光にも食にも恵まれた場所だと思っていましたが、三重県の方々と話をすると逆で、かなり危機感を持っていました。

というのも、伊勢神宮や松阪市にはインバウンドも大勢訪れるものの、全体的にみると首都圏からの観光客は減っており、平均滞在日数が全国的にみても少ないというのが難点になっているというのです。実際、東京から伊勢神宮をお参りして松坂牛を食べるだけなら日帰りも可能です。

それを少なくとも2泊、3泊する場所にしたいというのが三重県の思いで、そのあたりは軽井沢と同じ悩みです。贅沢な悩みといえば贅沢なのですが。

三重県は国内でも有数の広域県であるため、観光するには広すぎるという問題も指摘されていますが、私は先日、3日間で500キロをレンタカーでまわり、「フーディー的アプローチ」や「面のツーリズム」から考えると、魅力的な場所がたくさんあることに気づきました。

そこで、三重県を例にとって、ガストロノミーツーリズム、ラグジュアリーツーリズムの具体例を考えてみましょう。

インバウンドにとって三重県を訪れるならまずは伊勢神宮ですから、普通に考えるなら、そこを起点として松阪牛の本場である松阪市、「伊勢海老のビスク」で有名な伊勢志摩観光ホテルあたりを訪れると思うでしょう。

しかしフーディー的には、違うアプローチができるのです。それは先述したように、ラグジュアリーツーリズムアプローチと、ガストロノミーツーリズムアプローチのふたつです。前者を使って美食街道を作り、後者を使ってインバウンド好みの観光ルートを作ってみましょう。

ラグジュアリーツーリズム的アプローチの中心は志摩にある「アマネム」です。東京や京都にもアマンはありますが、アマングループの日本での第1号リゾートホテルであるアマネムが志摩にできたことは富裕層にとっては大きな意味を持つのです。

アマングループはアジアを中心にした最高級リゾートホテルグループの草分けですが、どこにホテルを作ったらいいのか、食材や眺望、アクセスなどを仔細に研究してから作ることで知られています。

そのアマングループが志摩にアマネムを作ったということ自体、フーディー、インバウンドにとっては大いなる信頼感になっているのです。そこに泊まり、その周辺の美食を満喫するシステムが構築できれば、三重県はいくらでもラグジュアリーなインバウンドを招致できると思います。ちなみにアマネムの朝食付きの一泊料金は20万円程度からです。

しかも、アマネムのそばには伝統の美しさを誇る「志摩観光ホテル」もありますし、高級フランス料理店で有名な「ひらまつ」による全8室のスモールラグジュアリーホテル「THE HIRAMATSU HOTELS & RESORTS 賢島」も素晴らしいホテルです。英虞湾の絶景を一望する賢島にあり、地産地消にこだわった極上の料理が楽しめます。また、カナダのトルドー首相も泊まった鳥羽「御宿《おやど》 The Earth」もあります。ここは、総面積5万4000坪のうち、施設のために開発したのはわずか5%という、自然との共生をテーマにした今日的な宿です。

しかも伊勢志摩には三重県をスペインと似ていると考えてはじまった複合リゾート施設「志摩スペイン村」があります。1990年代に開業したこのリゾートはバブル崩壊などのあおりを受けて、構想通りにはいっていないようですが、いま考えると、観光が一番の産業であることなど、三重県はたしかにスペインと似通ったところは多いのです。

そのコンセプトを使って、ラグジュアリーツーリズムを考えてみましょう。

アマネムから行くとして、伊勢神宮と松阪は外せませんが、そこから松阪市に隣接した多気町《たきちょう》に2021年にできた、食と健康をテーマとした商業リゾート施設「VISON（ヴィソン）」に向かうのです。

あまり知られていませんが、多気町はサンセバスチャンと「美食を通じた友好の証」を締結した町。全国に「日本のサンセバスチャン」を標榜する地域は数多くありますが、きちんとオーソライズされているところは多気町ともう1カ所しかないと聞いています。

そのためヴィソンはサンセバスチャン色を前面に出しており、ヴィソンを象徴する「ホテルヴィソン」のメインダイニングは、ホテル最上階にあるバスク料理を供する「IZURUN（イズルン）」です。イズルンのバスク料理はオープン早々にいただきましたが、シェフはバスクで修業し、日本のスペイン料理の中でも出色でした。しかも、日本で１、２を争うほど、スペインワインに詳しいソムリエが在籍しています。

施設内のサンセバスチャン通りには世界ピンチョス大会のチャンピオンであるパブロシェフのバル、サンセバスチャン市長おすすめのレストランなどが並び、いまや日本の中でもサンセバスチャンの香りが一番漂うリゾートになっています。

そこから三重県南部の尾鷲・熊野地区に向かいましょう。このあたりは美食の観点からはまだあまり目立った動きはありませんが、インバウンドの関心を呼ぶのは、２００４年にユネスコの世界文化遺産（文化遺産における「遺跡および文化的景観」）として登録された熊野古道です。熊野古道は、中世に日本最大の霊場といわれた熊野三山（熊野本宮大社、熊野速玉大社、熊野那智大社）へと通じる参詣道のことです。

いっぽう、スペインには中世から行われている「サンチャゴ巡礼の道（カミノ・デ・サンティアーゴ）」があります。フランスからピレネー山脈を抜けてスペイン西部にある聖地「サンティアーゴ・デ・コンポステーラ」までの巡礼の道で、私も１９８０年代に訪れていますが、中世の雰囲気の残る宿場町には素朴なロマネスク建築の教会が並びます。

「志摩観光ホテル」から英虞湾を望む。

松坂市に隣接した三重県多気町にある食と健康をテーマに掲げるリゾート施設「VISON」。

三重県の城下町、伊賀にある「金谷本店」で出される伊賀牛のヒレ肉。赤身の旨さは松坂牛に匹敵するとか。

愛知県寄りの桑名にある割烹「日の出」。名物は、言わずと知れた、はまぐり鍋。

そのサンチャゴ巡礼の道と熊野古道が似ているといわれるのです。しかも世界遺産に認定されているのですから、インバウンドにはとても親しみがあります。

「スペイン縛り」で見せ場を作るなら、私はこのあたりにマニアックなペルー料理店を作りたいと思います。ペルーはスペインの植民地だったことからスペイン文化を残していますし、ガストロノミー的にはスペイン料理からペルー料理へと、フーディーの興味は移っているからです。先述していますが、２０２２年の「世界のベストレストラン50」の第2位はペルーのレストラン「セントラル」です。いまやペルー料理は北欧料理と並び、世界の料理業界の最先端にありますが、牛肉や魚貝類を使った料理が多いのが特徴です。その中でも代表的な料理で、日本人にも親和性のあるものに「セビーチェ」があります。簡単にいえば、白身魚のマリネ、カルパッチョのようなものなのですが、ペルーでは最後に柑橘類を絞ることに特徴があるのです。

尾鷲、熊野地区は鯛の産地ですし、なによりたくさんの種類の柑橘類があることで有名です。その魚と柑橘を使えば、熊野ならではのセビーチェが作れるのではないかと、私は内心期待しています。

しかも三重県は牛の宝庫です。そしてペルー料理の特徴に牛の内臓を使った料理もあるのです。なので、このあたりにペルー料理の素晴らしい店があれば、きっとフーディーはこの地を競って訪れると思うのです。レストランに加え、ラグジュアリーなホテルもできれば完璧です。

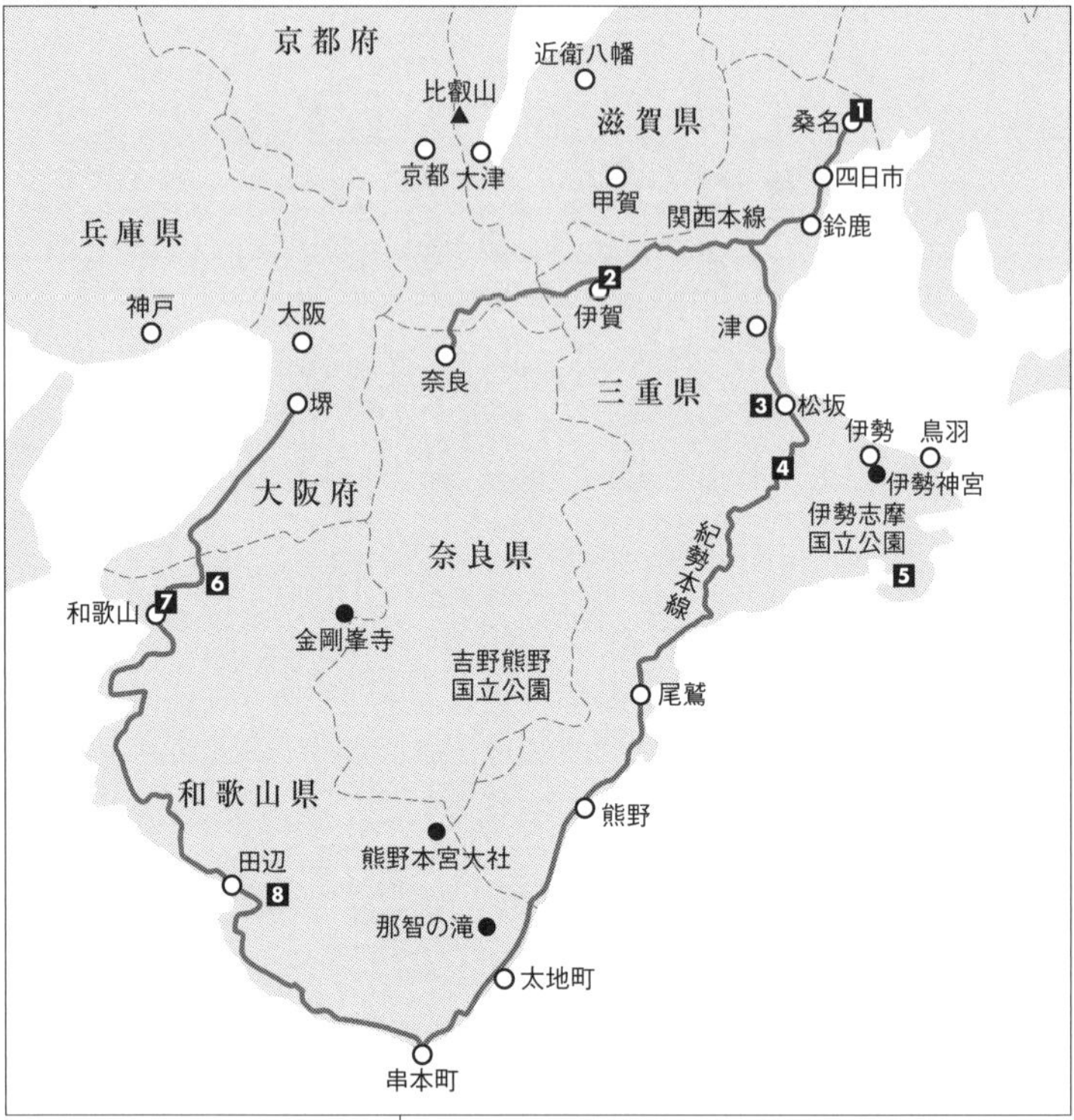

三重～和歌山「美食街道」

1 日の出
2 金谷本店
3 私房菜 きた川
4 VISON
5 アマネム
6 ヴィラ・アイーダ
7 オテル・ド・ヨシノ
8 召膳無苦庵

熊野古道を通り、三重県から隣県の和歌山まで抜ければ、泉質の高さを誇る南紀勝浦温泉が近くにあります。春は本マグロが獲れる場所としても有名で、仲買人たちの真剣勝負は、勝浦の魚市場の２階観覧フロアから見学できます。宿泊するなら、熊野灘に浮かぶ中の島にある「熊野別邸 中の島」でしょう。勝浦港から専用送迎船で船旅を楽しんで訪れるという特別感あふれる旅館で、実にインバウンド好みだと思います。その先にはクジラの町で知られる太地町《たいじちょう》もあり、勝浦港から遊覧船で訪れることもできます。

このあたりに本マグロやクジラを使った素晴らしいレストランがあれば、フーディーたちをさらに満足させてくれるのでしょうが、私は寡聞《かぶん》にして知りません。しかし、もう少し行くと和歌山の誇る、まさに食べに行くだけに訪れたい３つのデスティネーションレストランがあります。フランス料理「オテル・ド・ヨシノ」、イタリア料理「ヴィラ・アイーダ」、日本料理「召膳無苦庵《しぜんむくあん》」がそれです。

「オテル・ド・ヨシノ」は、クラシックフレンチの作り手としてフランスでも評価されている吉野建シェフがオープンしたレストランで、２０２２年にはミシュランで１つ星を獲得。同年には料理長が手島純也さんから松本真平さんに代わり、さらに飛躍が期待されています。

「ヴィラ・アイーダ」は野菜を活かしたアグリガストロノミーとして有名で、２０２２年版ミシュランでは２つ星を獲得、２０２２年「アジアのベストレストラン50」では初登場で14位という高評価だけでなく、初登場で最も高い位置へと駆け上ったレストランに贈られる「Highest New Entry Award」も受賞し、世界中からフーディーが訪れているのです。

「召膳無苦庵」は地元・紀南の食材にこだわり、リクエストによって食材や調理法を柔軟にアレンジする料理で知られており、わざわざ行かないと食べることができない店の代表格です。

こうしたデスティネーションレストランを味わえば、関西国際空港へはあと少しの距離になるというわけです。志摩・多気町・熊野・和歌山・関空と続くコースはまさにラグジュアリーツーリズムが成立する可能性を秘めていると思います。私はこの構想を2022年夏くらいから温めていました。ところが今回、富裕層にはモデル観光地に、「伊勢志摩及び周辺地域エリア」と「和歌山那智勝浦エリア」が選ばれたのです。これには驚きましたが、私の構想が間違っていないことでもあると思っています。しかも、和歌山から関空へ向かう途中にリゾート開発計画も進行しています。

いっぽう、ガストロノミーツーリズム的なアプローチを考えるなら、伊勢神宮、松阪までは一緒として、そのあと伊賀と滋賀県の甲賀という忍者の里を目指す手があります。

しかも、松阪市では牛肉料理ではなく、中国料理「私房菜 きた川」はどうでしょうか。築100年近い古民家を改装した空間で1日一組しか予約を取らない中国料理で、いまでは一見《いちげん》はまったく予約が取れない状態です。

そして、松阪の次は伊賀とその先の甲賀です。ご存じのように、伊賀、甲賀は忍者の聖地。インバウンドが一番好きな「ＮＩＮＪＡエンターテインメント」です。実際、伊賀には「伊賀流忍者博物館」が、甲賀にはテーマパーク「甲賀の里忍術村」があります。私は以前、伊賀流忍者博物館を訪れたことがあります。子供だましのようなアトラクションではありますが、童心に帰れば、とても楽しめる場所です。しかも伊賀は街道沿いの城下町であり、赤身が松阪牛よりも美味しいという三重県民もいる伊賀牛があります。たとえば、１００年の歴史を持つ「金谷本店」を秋に訪れると、国産松茸と伊賀牛のすきやきを味わえます。

そこからさらに北側にいった愛知県との境にある桑名市は、「その手は桑名の焼き蛤」という言葉遊びや『東海道中膝栗毛』でも有名なように、はまぐりが名物です。

桑名市は、揖斐川《いびがわ》、長良川、木曽川が伊勢湾に流れ込むことで淡水と海水が混じり合い、栄養豊富になるため、濃厚な旨味を持つ美味しいはまぐりが育ってきました。江戸時代、伊勢参りに訪れた人々が桑名の宿で泊まったことから、全国にその名が知られたといわれています。

桑名には、はまぐり料理を出す店は多数ありますが、フーディー的に知られているのが「日の出」のはまぐり鍋。しゃぶしゃぶ風にしてはまぐりをいただいていくと、スープがだんだんと濃くなっていきます。最後に食べる、締めの雑炊はまさに絶品です。

桑名のあとは、名古屋に向かってアンコウ鍋「得仙」、フランス料理「トゥ・ラ・ジョア」、「寿しの吉乃」といった予約の取れない有名店を目指す美食巡りもありですし、伊賀から奈良に抜けて大阪、京都と進むルートも作れます。このルートの一番の難点は「いい宿」がほとんどないところですが、「いい食」「いい観光」は揃っていますから、素朴な旅が好きなインバウンドの定番コースにもなる可能性があると思います。

ただ、どちらのコースにも足りないのは二次交通です。レンタカーか車をチャーターしなければ訪れることができないのですが、インバウンドの場合、レンタカーは現実的ではないでしょうから車のチャーターになります。しかし、荷物を載せてまわれる大型車のインフラが貧弱なのです。これは三重県に限ったことではなく、日本の地方全般にいえることです。

ある観光施設運営者がこう言っていたことを私は思い出します。

「地方自治体は変なハコモノやイベントに金をかけるのではなく、アルファードを50台、英語ができる運転手付きで導入してくれれば、それで充分。コンテンツの充実はうちらでやるから」

私も100%、この意見に賛成です。

第9章
フーディーたちが訪れたい地方
北海道・十勝&余市ほか

北海道には「チミケップホテル」や「マッカリーナ」、「ヘイゼルグラウスマナー」などすぐれた老舗オーベルジュがあり、すでにそこをまわるインバウンドや富裕層のラグジュアリーツーリズムが確立されていますが、最近、さらに刺激的な場所が加わりました。十勝・帯広地方の「ELEZO ESPRIT（エレゾエスプリ）」と余市町《よいちちょう》の「余市SAGURA（サグラ）」です。

エレゾエスプリは北海道中川郡豊頃町《とよころちょう》にある、わずか3室の宿泊施設とレストランを持つオーベルジュです。佐々木章太さんが率いる食肉料理人集団「エレゾ」が２０２２年冬に作った施設で、ひなびた海岸に面し、観光要素は一切なく、一番近い空港、駅からも50キロ以上離れていますから、ここに来るためだけに旅をするしかありません。

しかし、オープン直後から話題になり、フーディーたちからは「今年一番訪れたい日本のオーベルジュ」といわれているのです。先述の食アプリ「テリヤキ」が選ぶ２０２２年ベストレストランでもシルバーに輝いています。

私もこの冬に出かけました。東京から行くのであれば、一番近い空港はとかち帯広空港ですが、そこからでも車で1時間以上かかります。冬に行くのであれば、宿泊者だけが使える送迎タクシーが楽ですが、現地までは平原の中の一本道で、コンビニも1軒しかありません。途中、運転手さんと話をしましたが、

「あそこは去年突然工事がはじまって、なにができるのかと噂していたらオーベルジュだと聞いてびっくりしました。周囲には観光なんてなにもないし、誰が来るのかと思っていました」

とのことでした。エレゾエスプリは小さな漁港の近くにあるのですが、その先にあるのは、冬になるとワカサギの氷穴釣りのできる湖とキャンプ場、灯台だけです。集落も人口は少なく、小学校に通う子供たちの3分の2はエレゾに勤める若者たちの家族だそうです。

ただ、オーベルジュからの眺望は素晴らしい。コテージのベランダからは太平洋がなににも遮られずに見られます。私が訪れたのは冬でしたから、薄グレーの寂しい色の海でしたが、その手前は雪景色で、いかにも北海道らしいところでした。

コテージは豪華ではありませんが、質の高い設備があり、なんの文句もありません。壁には鹿の剥製が飾られ、いかにもエレゾらしい装飾です。

夕食は6時半からのいっせいスタート。各々に渡される「PHILOSOPHY」にオーナーシェフの佐々木章太さんの思いが込められています。

〈ELEZOは、料理を作るために生産や狩猟から始まる食の連鎖を真摯に積み上げています。そして、古き良き食文化を現代に表現する、強い『食肉料理人集団』を創り進むことを選択いたしました。（中略）

これから始まる『ELEZO　命の料理』は、17年間の歳月の中で一片をも無駄にしないという我々の心と姿勢が結集された想いの結晶です。どうぞ、日頃の見識を捨て、純白な心でお向き合いくだささい。〉

その「PHILOSOPHY」を体現するかのように、一品目は筋や骨といった、料理には使われない部位と香味野菜、水のみで仕立てたコンソメスープ。その次には、硬かったり、小さかったりと食べるのは適していない「低需要部位」を使ったシャルキュトリ（テリーヌやソーセージなど）が登場しました。

そして、北海道に生きているエレゾらしく、豊頃町の名産「秋鮭」を使った一品が出されたのですが、その後は、肉のオンパレード。１８０日間放牧させた軍鶏《しゃも》、肩や首など旨味の深い部位を活かした豚肉料理、そして近隣で獲れた3歳未満の蝦夷鹿と続きます。どれもシンプルではありますが、的確な調理をされた皿でした。この日はカウンターに座り、目の前で佐々木シェフが料理をし、説明をしてくれました。

佐々木シェフはメニューの最後にこう綴ります。

〈品種、餌、環境。全ての食べ物はこの3大要素で決まります。品種だけでは語れない。餌や環境だけでも決められないのです。美味しいには、美味しくなる背景「根拠」があるのです。さらに言えば、携わる人の想いや願いや創意工夫も宿るものです〉

このメニューの記述に私は、東京で高い金を出して一級の品種を購入しようとも、餌や環境まで熟知していないのであれば我々には勝てるはずがないという、シェフの自負を感じました。

ディナーが終わってから、佐々木さんと少し、話をしました。なぜ、こんな不便なところにオーベルジュを作ったのかと聞くと、

「私は、こういう場所で真剣に向き合っている人たちが商売にならないようであってはならないと思っているんです。私はこれを作るのに補助金も交付金も一銭も受け取っていません。それでも、このオーベルジュがきちんと成り立つような日本であってほしいと思っています」

と話しました。ならばどうしたらいいかという、具体的な話になると、私が考えていることと驚くほど、似通っていました。

東京はまず羽田や成田に来るインバウンドを全国に送客するためのハブになってほしい。地方は東京から誘客してもらうため、県や自治体はなによりインフラ整備をきちんとしてほしい。そして

二次交通の整備をしてほしい。最後に、ピンと高いフラグを掲げる人々が安心して掲げられるような仕組みを作ってほしい、などなど。

私がこの本で「ヘンタイ」と呼んでいるものを、佐々木さんは「フラグを掲げる人」という呼称で表現していましたが、地方を盛り立てるためにどうしたらいいかという仕組みや施策に関して、佐々木さんが話したことは、私が考えていることとほぼ一緒でした。

その日の夜は大雪でした。翌日は一面、銀世界。朝食は昨晩に出た秋鮭の骨や筋を使った魚のスープからはじまり、シャルキュトリ（食肉加工品全般の総称）を使った朝食をいただきました。どれもエレゾの「一片をも無駄にしない」という哲学が表現されたものでした。

この2日間でいただいたものは、シンプルですが、ここでなくてはけっして食べられない料理でした。これこそがデスティネーションレストランなのです。

隣のコテージに泊まっていて、夕食、朝食をご一緒した2人連れの女性は、屈斜路湖から来て、このあとトマムに向かうと話してくれました。私も当初はまっすぐ空港に向かう予定でしたが、飛行機の合間の時間で、十勝ばんえい競馬場を楽しみ、ランチには十勝名物の豚丼をいただきました。私は競馬好きではないので、それだけのためにばんえい競馬場を訪れることはなかったでしょうが、エレゾエスプリの帰りに見に行けたのは嬉しかったですし、もう少し暖かい季節に訪れたのなら、トマムや屈斜路湖、ニセコなどにも行ってみたいと思いました。

帯広・十勝地方にある「エレゾエスプリ」の宿泊棟とレストラン外観。

「エレゾエスプリ」の豚料理。

「エレゾエスプリ」の軍鶏料理。

「エレゾエスプリ」のシャルキュトリ（肉の加工品の意。ハム・ソーセージ・パテなどの総称）。

それも、佐々木章太という、ひとりのヘンタイであり、フラグを掲げた人が十勝豊頃町というなにもない場所にオーベルジュを作ったことで生まれた観光消費です。

エレゾエスプリに向かう道すがらに、特異な形の宗教施設のようなものが見えました。運転手さんに聞いたところ、15年前くらいに閉園した「グリュック王国」というテーマパークで、グリム童話と中世ドイツの街並みを模したものだったそうです。１９８０年代の観光による町おこしを狙って作られたもので、盛況だった時期もあったようですが、最後は閉園。施設を取り壊す余力もないままになっているそうです。

なぜ、中世ドイツとグリム童話の施設を十勝に作らなくてはいけないのか。当時のオーナーには思いがあったのかもしれませんが、ストーリーが感じられません。しかし、エレゾエスプリには、ここにしか作ることができない、強烈な意図を感じ取ることができます。それには、やはりひとりの「ヘンタイ」が必要なのです。

いっぽう、余市町の「サグラ余市」は、日本でいま一番注目されているワイナリーの町、余市にあるオーベルジュです。札幌でイタリアン料理店を経営していた村井啓人《ひろと》さんが２０１７年に開いたのです。宿泊施設は１日２組で、サウナも併設されています。私はまだ訪れたことがないのですが、佐々木さん同様、「ヘンタイ」のにおいがぷんぷんする人です。

東京ではなかなか手に入らない余市のワインもこちらでは楽しめ、ワイン畑を眺めながらサウナでととのえる体験もできます。

この2軒ができたことで、北海道はニセコだけでなく、全域をまわるラグジュアリーツーリズムの場所となったと思います。

次々と発見される静岡の名店

静岡県もこの数年、美食の場所としてフーディーたちが注目しています。

その中心を占めるのは「成生《なるせ》」。この10年ですい星のように現れた、というより以前から店はあったのですが、この10年で「発見」された天ぷら店です。天ぷらという料理はこのところ、めまぐるしい進歩を遂げているのですが、成生はその中心に常にいて、静岡の地場野菜と獲れたての魚をこれまでの技術とはまったく違った方法で天ぷらにしました。

当初はカウンターだけの小さな店でしたが、いつしか常連以外はまったく予約が取れなくなり、広い庭を持つ一軒家に移転しました。それでも予約を取ることは不可能に近いといわれます。

成生の魚を支えているのは焼津にあるサスエ前田魚店。成生の魚をサスエ前田魚店の店主・前田尚毅さんがすべて納めていることから評判になり、いまや全国から引き合いが来ています。前田さんの魚をできる限り新鮮なうちに使いたいと、広島のフランス料理「馳走2924」の西健一シェフは、広島の店を閉じてサスエ前田魚店の裏に引っ越して「馳走西健一」を開店したほどです。

そのほかにも「茶懐石 温石《おんじゃく》」「日本料理FUJI」「中国料理村松」「シンプルズ」など、前田さんの魚を使うことがきっかけでフーディーたちに名前が知れ、それに各々の技術があいまって全国から食いしん坊が訪れるようになったレストランがいくつもあります。

前田ファミリーが有名になることで、その周囲にある、しかも前田ファミリーでない静岡の名店も続々と「発見」されました。新静岡のフランス料理「レストラン・カワサキ」、寿司「海」、静岡のうなぎ「瞬《しゅん》」、浜松の割烹「勢麟《せいりん》」などがそれです。

どこも午前中に「今日のランチがキャンセルで空きました」とSNSで投げた途端に席が埋まるほどの人気なのです。

静岡が唯一残念なのは、東京からも大阪からも近すぎるがゆえに、宿泊施設にいいものがないこと。フーディーたちは日帰りするか、駅前のホテルに泊まって2日で3つくらいのレストランをはしごしているようですが、素敵なホテルやオーベルジュができればもっと幅の広い客が見込めると思います。もしくは最近、いい店が続々できている熱海や伊豆半島あたりまでを宿泊の視野に入れれば、そこを含めた面のラグジュアリーツーリズムが作れそうです。

県も2022年からガストロノミーツーリズムに力を入れ、2023年には「静岡県ガストロノ

静岡焼津の「茶懐石温石(おんじゃく)」と、その料理。

静岡が誇る天ぷらの名店「成生(なるせ)」。

静岡の数々の名店に魚を供給する焼津の老舗「サスエ前田魚店」。全国の有名シェフからも絶賛される鮮魚店。

ミーツーリズムフォーラム（仮称）」の開催を予定しています。

静岡県には多彩な食材を活かした質の高い食体験ができる場所が多数存在するため、その魅力を国内外の観光客に体感してもらい、地域の魅力向上を図りたいと県はいっています。私もその目的自体は正しいと思いますが、県の広報資料を見る限り、これまであげてきたようなフーディー好みの場所ではなく、県全体を旅させるような広域型になっています。

地方自治体としては、ボトムアップ型にせざるを得ない事情はよくわかりますが、ガストロノミーツーリズムを発展させるためには、熱狂的なファンのついている場所を思い切りPRするトップダウン型のほうが有効だと私は思います。

長野県白馬村は「ポスト・ニセコ」

このところ、「ポスト・ニセコ」と呼ばれているのは長野県白馬村《はくばむら》です。ニセコが有名になった当初、外国人はオーストラリア人がほとんどでしたが、近年、ニセコに飽きて彼らが白馬に移ってきたという声もよく聞きます。

白馬はニセコと同じように素晴らしいパウダースノーを誇ります。3000メートル級の山々の中にスキー場が10あり、「HAKUBA VALLEY」を築いているのです。ちょっと前まではスキー客の減少に悩んでいたのですが、10年前に比べるとコロナ前は3倍のスキー客になったそうです。

白馬は先行事例であるニセコを研究し、ホテル、タイムシェアコンドミニアムなども続々とできていますが、美食においても周辺をリードしています。

実は軽井沢と白馬は、美食分野において共存共栄を図っています。先述のように軽井沢のトップシーズンは夏であるのに対し、白馬は冬ですから、互いに補いあえる立場になるのです。なので、白馬のレストランやホテルで冬のあいだ働き、夏は軽井沢で出張料理人をやっているシェフは何人もいます。

そして2022年に新しいオーベルジュが誕生しました。「KANOLLY Resorts HAKUBA」がそれで、シンガポールのカノリーホテルズが運営する1日1組限定のオーベルジュ。合掌造りの客室の広さはなんと400㎡。リビングとダイニング以外に3部屋のベッドルームがあり、温泉も引かれています。

宿泊客のみが利用可能なダイニングがあり、メディアでは東京などからやってきた予約困難店のシェフや寿司職人が1日1組限定で腕をふるう特別オプションが話題になっていますが、それよりも常設の薪や炭で調理するステーキダイニング「灼麓館《しゃろつかん》」が素晴らしいと、フーディーたちのあいだではささやかれています。

肉の選定やメニューの監修を有名な精肉卸「ヤザワミート」が手がけるのですが、フーディー的にはシェフに長屋英章さんがいることのほうが重要なのです。長屋さんはフランス修業から帰って、西麻布「レフェルヴェソンス」、南青山「ナリサワ」原宿「Keisuke Matsushima」などといった、錚々たる店を経験して白馬に移住。その経歴を知って、開店早々から名だたるＶＩＰが「灼麓館」を訪れているのです。

今後、「灼麓館」と長屋シェフがもっと有名になれば、白馬もまたレヴォのようにラグジュアリーツーリズムのメッカになれる要素を秘めていると私は思います。

白馬の周辺には面としてツーリズムを形成できる要素がいくつもあります。隣の大町市《おおまちし》では3年に一度、「北アルプス国際芸術祭」が行われ、２０１７年開催時には延べで24万人以上の客が訪れています。また、スノーピークの体験型リゾート「LAND STATION HAKUBA」では幅広いアウトドア体験ができます。美食からはじまる広範囲な楽しみ方を考えられるはずです。

また白馬から車に1時間も乗れば、糸魚川市に行くことができますし、そこから佐渡島《さどがしま》にも渡れます。夏は特に、白馬と北陸をつなげるガストロノミーツーリズムも考えられるでしょう。

九州のガストロノミーツーリズムの起点になりうる湯布院&島原の名店

九州もまた、美食を通じてガストロノミーツーリズムを具現化することができる可能性を秘めています。すでにJR九州が行っている「ななつ星」ツアーの成功をみても、そのことは容易に理解できるでしょう。

ななつ星とは、九州各地を巡って、食や温泉、観光などを楽しむことを目的とした観光寝台列車で、2013年10月に運行を開始したものです。ツアー参加者は中学生以上に限定、車内の共用スペースでのドレスコードは「スマートカジュアル」と定められ、寝台個室にテレビは設置されていないなど、列車内は特別な空間と定義されていて、高価な料金にもかかわらず、ガンツウと同じように常に満席で、リピーターも多いツアーです。

たとえば旅行会社のHISが運航する2023年の「『ななつ星 in 九州』で巡る 九州5日間（ななつ星　3泊4日コース）」は159万円（スイート客室　2名1室ご利用時 お一人様料金）に設定されています。2021年にはアメリカの旅行誌「コンデナスト・トラベラー」が実施した「コンデナスト・トラベラー　リーダーズ・チョイス・アワード　2021」のトレイン部門で2年連続の世界一受賞となっています。

ちなみにななつ星の成功から遅れること4年。JR東日本も「TRAIN　SUITE　四季島」を発表し、東日本圏内を中心とした周遊型寝台列車ツアーを開始していますが、こちらも高額にもかかわらず、満席が続いています。たとえば2023年の東北・北海道を巡る「3泊4日コース／春～秋」は1人80万円～100万円（2名1室利用の場合）という価格になっています。

ななつ星でわかるように、富裕層には観光の宝庫としてすでに認知されている九州ですが、その中でも一番、知られている場所といえば「湯布院《ゆふいん》」でしょう。

「亀の井別荘」や「由布院 玉の湯」といった老舗旅館から「Luxury villa zakuro」や「おやど二本の葦束」などさまざまな高級旅館の立ち並ぶ湯布院はすでに温泉地として国際的に有名ですが、2023年6月には新しいオーベルジュ「ENOWA（エノワ）」が誕生する予定です。シェフも総支配人も外国人と、最初から世界を相手にしていることがわかります。

なかでも注目なのはシェフのタシ・ジャムツォさんで、彼はチベット出身なのです。日本料理を経験したあと、ニューヨークの2つ星レストラン「ブルーヒル・アット・ストーンバーンズ」で修業し、こちらに来たといいます。

湯布院の野菜にこだわり、ボタニカルリトリートを標榜しています。簡単にいうと野菜の美味しいレストランですが、東京で行われた試食会に訪れたときは、最初の2皿を手で食べるのが印象的でした。しかも、それを含めてほぼ野菜が主役の皿ばかりでした。

エノワには広大な土地に点在する10室のヴィラと9室のホテルのほか、温泉やインフィニティープールなどもあります。エノワ農園でいただく料理やサスティナブル、ダイバーシティも念頭に置き、フーディーに真っ向から勝負を挑む店になりそうです。

九州でフーディーの誰もが褒める店を1軒だけあげるとすれば、長崎県島原市のイタリアン「pesceco（ペシコ）」でしょう。２０２1年のデスティネーションレストランにも選ばれていますが、オーナーシェフの井上稔浩さんの実家が魚屋だけあって魚が素晴らしいのです。里浜ガストロノミーを謳い、魚と野菜だけを使い、コースに仕立てています。

「魚と野菜だけ。島原のpescecoが標榜する里浜ガストロノミーとは」（『Forbes Japan』２０２3／01／15）で、井上シェフはこう語っています。

「（里浜ガストロノミーとは）今まである既存のジャンルではなく、自分がこうありたいなと思った言葉でもあるのです。海と山がすごく近い島原は、里山ではなく里浜。料理を中心として、様々な文化的要素で構成されるガストロノミーという言葉が好きでその二つを結びつけました。島原にはまだそういうカルチャーがなく、レストランを通して発信できたらいいな、と思って」

食材の調達に関しても、〈魚は父親の魚屋から6割、近隣の漁師から2割、残りは対岸の天草の漁師から仕入れている。本当に上質な食材を料理の力でまとめ上げ、発信していくのが自分の役目だと心得ている〉（同）といいます。

当初は集客が厳しかったと聞きますが、苦労の甲斐があって、いまや県外はもちろん、地元の人も多く訪れるようになっています。私の周囲でも「ペシコ」に行くために九州をまわるフーディーは数多くいます。

ぜひ、ここを起点として上五島列島、佐賀、福岡のルート。もしくは九州南部のルートを開拓して、面のガストロノミーツーリズム、ラグジュアリーツーリズムを作り上げたいと思います。

まだまだある「ただ、この店を楽しむためだけに旅をしたい店」――沖縄、島根、鳥取、山口、長野、秋田

沖縄もまたラグジュアリーツーリズムの可能性を秘めますし、ガストロノミーツーリズムに県も力を入れています。私は最近訪れていないので情報更新ができていないのですが、イタリア料理「バカール」「タベルナ・ナカマ」「ペスケリアドゥエ」、イノベーティブ料理「6」「モベゼルブ」、デスティネーションレストランアワードにも選ばれた宮古島のイノベーティブ「Restaurant Etat d'esprit（レストラン エタデスプリ）」など、東京にまで名前がとどろいているレストランは数多く、ホテルのクオリティはワールドクラスです。米軍が駐留していますから英語が通じるところが多く、異国感も抜群です。

沖縄はモデル観光地に選ばれていますが、インバウンドよりも、国内富裕層ファミリーに喜ばれる場所かもしれません。ただし、沖縄も軽井沢のように夏やGWはオーバーツーリズムとなり、レンタカーが借りづらくなるようなのでご注意ください。

日本には、面としてのツーリズムにはなっていないけれど、「ただ、この店を楽しむだけに旅をしたい店」は、まだまだいくつもあります。

冬になると、財界人が自家用ジェットで訪れることで有名になった鳥取県の「かに吉」はカニの高騰によるコース価格の上昇ぶりが評判になりましたが、松葉カニのフルコースを堪能できます。また、夏は「なつ吉」と呼ばれ、山陰の海の幸を供しますが、それもまた人気です。

島根県津和野町には高津川に面した「美加登家《みかどや》」があります。以前は旅館も経営していましたが、いまは料理だけ。国土交通省による水質調査において何度も日本一のレベルと評された高津川の鮎をフルコースで楽しめる店です。数年前までは東京に支店がありましたが、いまはなくなったため、わざわざ東京から訪れるフーディーも多いようです。

秋田市の住宅街にある「日本料理たかむら」はこの地であえて江戸料理を出しています。というのも、オーナー料理人の高村さんは東京にあった江戸料理「太古八《たこばち》」で修業。23年前に故郷の秋田に戻り、江戸料理の伝統を守りつつ新しい要素を取り入れた料理を出しているのです。

宇部市には洞窟のようなレストラン「maison owl（メゾン・アウル）」があります。住宅街の真ん中に突然できた不思議な現代建築ですが、なかではフランス料理も食べられ、宿泊もできます。オーナーとシェフは幼なじみという仲で作られたプロジェクトとのこと。私は未訪ですが、訪れた誰もが「日本ではないみたいな不思議な空間ですね」と語ってくれています。

「日本料理柚木元《ゆきもと》」は長野県飯田市の日本料理店です。日本有数の料亭である「招福樓」滋賀本店と東京店で修業を積んだ萩原貴幸さんが作る日本料理は伝統的な料理と地元の食材を融合させていることに特色があります。長野県南部は今後、リニアモーターカーが通ると便利になるので、開発が進むと思われます。

これらはまだ、フーディーだけに知られている店かもしれません。しかしフーディーは購買力の高い層ですから、彼らが毎日のように訪れている場所だということは、ここを拠点にしてトップダウン型のＰＲをするとともに、幅広い観光のための工夫もすれば、単なるガストロノミーツーリズムではなく、ラグジュアリーツーリズムに発展させられるかもしれません。その意味からも、面のツーリズムの概念は重要になってきます。

町おこしと「美食立国」構想はなにが違うのか

地方を活性化させようという話になると、「町おこし」「地方創生」という言葉をよく使います。だいたいイベントと紐づいており、いまでもさまざまな施策や地域イベントがそこかしこで開催されています。しかし、どれだけイベントを盛り上げることができても、その後も継続して観光客を増やせなければしょうがないわけです。

そうした場合の「町おこし」の主語は、地方自治体や商工団体など公共的な組織で、「なにかやらなきゃ人口が減る、税金が減る」といった危機意識から、イベントを企画することが多いようです。

かつて、「××の町」を作る動きが高まった時期がありました。宇都宮市を餃子の町にしよう、が代表的かもしれません。

宇都宮市の場合、市内に駐屯していた第14師団が中国に出兵したことで餃子が広まったという史実をもとにして、1993年に「宇都宮餃子会」が発足。毎年11月の第1土日には

「宇都宮餃子祭り」を開催。また、「全国餃子サミット」に出店したりもしています。

総務省の家計調査では、宇都宮市は1世帯当たりの年間購入額が2010年まで15年連続日本一。その後も何度か日本一に返り咲いたのですが、2022年の調査では餃子が家計調査の項目に入った1987年以降、はじめて3位に転落してしまいました。

朝日新聞デジタルによれば、佐藤栄一市長は「消費金額の順位にとらわれず、餃子を活用した町づくりや観光を進めている。今後も『餃子のまち　うつのみや』を盛り上げていく」との談話を出したといいます。行間から悔しさが滲みでるコメントで、いかに宇都宮が餃子と密接なのかがよくわかります。

ここまでくると官主導の町おこしも本物だと思いますが、現実的に官主導がうまくいくことは少ないように思うのです。

私は地方公共団体から「町（県）を盛り立てるにはどうしたらいいか」と相談をよく受けます。その地域の特性を調べ、具体的な提言をしてきたつもりですが、たとえば面白い取り組みをしている農家がその地域にあったときには、それをフィーチャーしたらどうかというとたいてい、「うちは地域全体でやっているので、この人だけを推すわけにはいかないんです」と返事がくることが多い。つまり、町全体を一緒に興したいというのが彼らの考えなのです。

全体調和で誰もがいがみ合うことなく成長することは理想かもしれませんが、現実的にはむずかしいことだと私は思っています。

本文で述べている立国論は、とんがったひとりの「ヘンタイ」を発見する、もしくは作って、そこからトリクルダウン的に地域を繁栄させていこうというものです。

ヘンタイとは既存のやりかたにとらわれないイノベーターで、トリクルダウンはイノベーターが発見したものをアーリーアダプターやマジョリティにつなげることで、そこを訪れる人々の地域に対する興味範囲が拡大していき、結果的に多くの人々が果実を得ることできるという考え方です。

本文でも述べていますが、「昭和」に代表されるかつての日本は、みんなで渡ればこわくないといった盲目的な判断と、その裏で自分だけ勝ち抜きたいという気持ちが混在してきたきらいがありました。

しかし最近の若者は、仲間の成功を素直にみんなで喜び、それを共有することで、結果的に全員が高みに上がっていくことを好みます。たとえば、かつて寿司の修業は、掃除や雑用を数年間やってようやく酢飯の炊き方やネタの切りつけ方を教えてもらえ、握るまでにはさらに数年間が必要でした。

ところが、いまの若い寿司職人たちはコミュニティを作り、「おまえのところの親方が教えてくれないなら、うちの親方に教えてもらった仕事を全部教えてやるよ」という具合に、誰もが主体的に行動しています。仲間がミシュランの星を取ればみんなで喜び、星を取った職人も仕事のレシピを惜しげもなく周囲に示すのです。

そうした精神を地方創生に活かそうというのが私の趣旨です。ヘンタイがわかりにくいなら、「面白いことを行っている人をみんなで見つけて応援しようよ。そうすればみんなで楽しめるし、そうやって人をどんどん巻き込んでいけば、全体がすごく発展できるよね」ということです。

本当なら自発的な民の力だけで動き出すのが理想的ですが、民の活力に県や市は、補助金や規制緩和を使って底支えをするという形を取るのが現実的な解かもしれません。

ネットが開花して以来、どんな辺境の地であろうと、面白いことをやっている人は「発見」されます。しかも、情報に敏感なフーディーのような人たちが第一発見者になることがいまの情報化社会の面白いところです。

「若い人たちは地方に戻ってこない」と地方の方々は嘆きますが、一部の若者はブルーオーシャンの地方で成功し、そこから世界に打って出ることを意識しています。

地方で数々の高級宿泊施設を経営している友人はこう話しています。

「レッドオーシャンの都会で頭抜けるより、いまの時代は地方で有名になるほうが早い。そう考えているから、優秀な料理人には東京よりも高い給料を提示しています。そういう環境をうまく使って、地方も活性化し、本人も次のステップに臨めるなら、お互いにウィンウィンじゃないでしょうか」

私も地方の潜在的な力を信じていますし、それを使って流動化がすすめば、地方はもっと輝けるはずです。

第10章 あらためて問われる「大都会」からの情報発信の手法

では、東京、大阪、札幌、名古屋、京都、金沢、福岡といった、いわゆる都会のツーリズムはどう考えたらいいのでしょうか。

たとえば東京です。美食レストランの数は日本でも随一といっていいでしょう。ミシュランの星の数も世界一多く、2022年後半からのインバウンドの戻りもとても早い印象です。

しかも小池百合子都知事は、2030年までに東京を「世界一の美食の都にする」と宣言しています。具体論として、2022年から2025年まで、毎年5月に有明地区で食のフェスティバル「Tokyo Tokyo Delicious Museum」を行い、食文化都市としての存在感を盛り上げる予定です。ところが「では具体的になにをすればいいのか」ということに対しては、少し心もとない気がするのです。

以前、東京都から「どうしたら東京を美食の都にできるのか」とヒヤリングを受けたことがありました。私はおおむね、このようなことを話しました。

「地方には、そこでしか食べられない食材や自然や時間があるレストランがどんどん充実してきていますし、東京のレストランを超えるようなレベルのものもいくつもありますが、そこからちょっと下のレベルのお店になると格段に厳しくなるのが現状です。全体数がないのですね。そこの質の平均化、層の厚さが、東京はものすごく素晴らしい。

いまのトップシェフは、料理を単なる食欲の充足手段ではなく、アートと捉えていたり、社会課題の解決の手段と考えていたりします。それらを実現するためにどうしようかと悩みながら、経営的な問題も深く考えています。シェフの力量も、食材の力も、すべてが以前よりもレベルが上がってきています。

しかも昨今の経済情勢の中、日本は世界レベルの料理がほかの先進国の半額くらいで食べられます。この状況がいいか悪いかの問題はありますが、こうした事実はもっとPRしてもいいでしょう。よく『銀座の寿司は5万もする、高すぎる』といわれますが、ニューヨークにいけば、そのレベルなら10万円以上は当たり前です。インバウンドを東京の食で満足させようというのであれば、お金を取ることに躊躇する必要はなく、お金の価値に裏打ちされるだけのことをきちっとやらないといけないと思うのです」

東京は食文化の核となれ

「日本の誇る食文化の発信という意味では、東京が発信の核になってほしいと思っています。そのためには、東京は横綱相撲を常に取り続けるべきだと思うのです。地方と競走して勝ったってしょうがない。東京には日本の食の一番美味しいものが集まっているよ、ということをまず発信することが必要です。実際、豊洲には日本中からピンの食材が入ってきているわけですし、世界中の美食が集まっています。それを使って客単価の高いレストランをもっと作ることだって可能です。しかも羽田にしろ、成田にしろ、インバウンドの入口は東京です。

東京で美味を味わったとき、たとえば『このブリ旨いなあ、氷見なのか。富山ってほかにも旨いものがあるのだろうか』と興味を持ってもらえばしめたものです。次の旅行のときには富山に行ってもらえばいいのです。東京に出すには数量が足りなかったり、名前が知られていないから出せず、地元だけで消費される魚がいくらでもあります。それらを味わったり、値がつかない地場野菜の旨さを知ることができるでしょう。しかし彼らは最後にはまた東京に帰って、東京のうまい料理を味わって帰っていくのです」

私はこのように話しました。

しかも東京にはここ数年、アマン東京、フォーシーズンズ、ペニンシュラをはじめとした素晴らしいホテルがいくつもできていますし、これから5年間くらいのあいだにできる大型再開発のビルにはほとんどといっていいほど、高級ホテルが入ります。

先述したように、三井不動産が開発した東京駅駅前の「ミッドタウン八重洲」にはブルガリホテルが、森ビルが開発している「麻布台ヒルズ」にはアマンホテル系の高級ホテル「ジャヌ東京」が、三菱地所が開発して日本一の高さになる、日本橋と大手町の結節地点にあるトーチタワーには「ドチェスターコレクション」が入ることが、すでに発表されています。なかでもドチェスターコレクションは、世界5つの都市で9施設を展開するセレブリティ御用達のウルトララグジュアリーホテルブランドです。

ホテルが入居するのは53階から58階で、客室は110室、客室からは東京湾や夜景、富士山までもが一望できるというのです。開業記者会見で三菱地所執行役社長・吉田淳一氏は「フランスなどの観光大国に追いつくために、グローバルな観光客が誘致できるブランドが重要。このエリアでしかできないことをここでやりたい」と話しました。まさに富裕層のためのホテルができるわけです。

東京の中心だけでなく郊外にもインバウンド向けのホテルができはじめています。たとえば立川市には、懐石料理店の跡地を使った、全室にかけ流し温泉を備えた100平米以上の居室の「オーベルジュときと」ができました。レストランでは、ロンドンで2つ星を取った日本料理職人が腕をふるいます。立川という場所に、どういう客層を呼び寄せるのか、関心が高まっています。また、東京でしか味わえない江戸前の料理、寿司をはじめとして鰻、天ぷら、焼鳥などは圧倒的に東京が優位に立っていますし、浅草や立石《たていし》にいけば居酒屋や焼とんなど、東京の下町でしか味わえない楽しさもあります。

このように東京はフーディーだけでなく、ラグジュアリーを志向する人々にも満足感を与えられる都市になっています。しかし、その満足感は日々、更新されていかなければなりません。再開発が重要になっていく所以です。

そう考えると、権利関係が複雑でなく、今後も再開発が容易なのは、三菱地所が大地主の大手町・丸の内・有楽町（大丸有）と、三井不動産が大地主の日本橋界隈だと思います。銀座や青山、六本木はアトラクティブなところですが、小さいビルが多く、一体型の再開発には向きません。六本木は森ビルが頑張っていますが、それでも、まだ課題はあるようです。

なかでも大丸有地区の大地主である三菱地所が本気を出せば、この場所を食とアートとホテルの町としてあらたにデザインしなおすことは可能だと思います。隣には皇居があり、東京駅にも銀座にも近いのが大丸有地区の素晴らしい立地条件です。しかも、三菱地所は2021年には丸の内のビルを5フロア使って会員制ラグジュアリープライベートクラブ「OCA TOKYO（オウカ トウキョウ）」をオープンさせるなど、新しい動きを加速させています。

OCA TOKYOは、自分のスタイルを持った大人がボーダレスで創造的な出会いを楽しむための、新しいスタイルのプライベートクラブです。交詢社倶楽部や東京倶楽部、霞倶楽部のような、背広を着た男性たちが集まるかつての社交クラブの堅苦しさがなく、六本木ヒルズクラブのようなレストランクラブでもない、セレンディピティを楽しむ社交倶楽部を目指し、40代、50代の若い東京をリードする層が入会しています。なにより、ドレスコードが自由なところが今日的です。

私も会員のはしくれですが、いままで出会えなかった業界の方々、知っていても関係を持てなかった方々と多数知り合い、東京の持つ重層的な面白さに気づかされています。

近年では先述のトーチタワーをきっかけに、大丸有地区と日本橋地区を融合するような計画も聞こえてきています。三井不動産は「ミッドタウン八重洲」を皮切りにして、日本橋の再開発を加速化しようとしていますし、完成したあかつきには、トーチタワーとつながるとのことですから、三菱と三井が手を携えたら、東京の再開発はとても魅力的になると思います。

2024年4月には「辻調理専門学校　東京」が、東京学芸大学キャンパス内にできることが発表されました。サンセバスチャンのBCCのように料理大学への深化が期待されます。

天下の台所・大阪の面目躍如

2025年は大阪万博の年です。

大阪万博は、「いのち輝く未来社会のデザイン」をテーマに、2025年4月13日から10月13日まで大阪湾の人工島「夢洲《ゆめしま》」で行われます。

「人間一人一人が、自らの望む生き方を考え、それぞれの可能性を最大限に発揮できるようにするとともに、こうした生き方を支える持続可能な社会を、国際社会が共創していくことを推し進める」ことを目指しています。格差や対立の拡大といった新たな社会課題や、AIやバイオテクノロジー等の科学技術の発展、その結果としての長寿命化といった変化に直面する中で、参加者一人ひとりに対し、自らにとって「幸福な生き方とは何か」を正面から問う万博を目指しています。

大テーマの下に8つの具体的なテーマがありますが、なかでも「食」をテーマにプロデュースするのは、放送作家であり、京都芸術大学副学長の小山薫堂さん。「資源（いのち）をいただきながら人間が生きていることを表現したい」と語っています。

一時は大阪万博唯一の食のパビリオンである、大阪外食産業協会の出店が危ぶまれるという見方も広がりましたが、コロナが収まりつつある現在、万博を外食産業が生まれ変わる契機と捉え、実現へと向かっているようです。

日本料理は京都が中心と思われがちですが、明治・大正時代の日本料理の中心地は大阪です。その頃の京都は陸の孤島で物流が発達していないため、新鮮なものが届かなかったからです。だから西京漬けや一塩《ひとしお》といった保存技術が発達したといわれています。

いっぽう、大阪は海も山も近く、江戸時代は「天下の台所」といわれていたほど、新鮮な食材がすぐに届きます。ですから当時の日本料理は「関西割烹」と呼ばれ、カウンターの目のまで調理する「喰い切り料理」が中心だったのです。

その代表的存在がいまも法善寺横丁にある「浪速割烹 㐂川《きがわ》」です。初代の上野修三さんは1935年生まれ。大阪の仕出し店で修業した後、「㐂川」を開店。94年に同店を長男にまかせ、自身は「天神坂 上野」を開いたが、現在はそこも閉じて浪速料理の普及に努めています。

㐂川はたくさんの弟子を育てていますが、共通する特徴は献立の多いこと。毎日150種類以上の料理が並び、客は思い思いの料理を選びます。日本料理の作法に則って選んでもいいし、最初に焼き物が食べたければそれでもいい。私がはじめて訪れた㐂川系の店はミナミにある「作一」でしたが、あまりのメニューの多さに自分で選ぶことができず、結局はおまかせにしてしまった、悲しい思い出があります。

初期の㐂川はアグレッシブに中華や洋食の要素も取り入れていましたが、だんだんと浪速の世界に戻っていったといいます。

上野さんご自身も著書『浪速のご馳走帖』（世界文化社刊）のあとがきで、

〈私ども食に携わる者は、この浪速の食文化を継承すべきであると思うのです。浪速の味は浪速の素材ばかりで生まれてきたものではなく、他所からの素材も取り入れて出来た味ではありますが、味そのもの、つまり調理法が浪速そのものなのです。（中略。浪速には）実に美味なる野菜があり、魚や畜産の良質のものがあるのです。目先だけの新しい素材や輸入物も時にはいいでしょうが、我が足元にある良い素材を忘れてはいけません〉

この自信はやはり、いい素材を四方八方から取り寄せることができる大阪の地理的条件からくるのでしょう。

野菜も「浪速野菜」と呼ばれる独特のものがあります。牛肉をはじめとした肉文化も関西地方のものですし、それに加えて商人文化の持つ、新しもの好き、失敗を恐れない体質が、さまざまな料理を作らせたのだと思うのです。やはり「喰いだおれ」という呼び名は伊達ではないですね。

しかし大阪は、昭和に入ってからそのお株を京都に取られてしまいました。京都人にいわせると、割烹スタイルを考えたのは初代「たん熊」だといいますが、老舗料亭「たん栄」で修業していた初代が京都高瀬川のほとりにカウンター割烹「たん熊」を開いたのは昭和3年のこと。大阪、東京に喰い切りのカウンター割烹ができたのも同時期です。

瓢亭亭主・高橋英一さんによれば、もともと京料理は、「有職料理、精進料理、懐石料理、おばんざいが融合したもの」。京都は交通が不便で新鮮な魚が手に入りにくかったため、野菜を中心とした質素な素材を技法で活かす料理が発達したわけです。

いっぽう大阪は海のもの、山のもの、野菜のどれをとっても豊富だったため、新鮮な素材そのものの味を大切にする、素朴で豪快な料理が発達したのです。たとえば京都のお椀は吸い地にこだわり、大阪は煮ものの椀が多いという塩梅です。

私は、京都は技法ではもともと大阪を凌駕していたところに流通の発達で新鮮な食材が届くようになったことから、京料理が大阪の料理よりポピュラーになったのではないかと思っています。

しかし、それも120年以上前のこと。最近の大阪は元気です。タコ焼きやお好み焼きなど、いわゆるB級グルメから、牛肉、魚の割烹まで揃っていて、フーディーには目の離せない店がいくつもあります。もともとステーキなど牛肉料理は関西優位ですが、ここにきて東京の十八番だった寿司でもいい店ができています。


大阪の今後の観光のキーワードは2025年の大阪万博とJR大阪駅の再開発です。

JR大阪駅前の再開発も、万博を見据えて急ピッチで行われています。もともとは、梅田貨物駅が2013年に廃止され、そこに「グランフロント大阪」が開業したのがきっかけでした。

2023年段階ではJR大阪駅地下新駅の工事が進行中で、新しい大阪駅には、関西国際空港と新大阪・京都を結ぶ特急「はるか」や和歌山方面の特急「くろしお」が停車する予定です。202

4年には地下3階・地上39階建てでホテルや劇場まである商業ビルが建設予定。

ほかにもさまざまな計画が目白押しで、それも大阪万博を盛り上げるため。万博であらたに大阪の美食が「発見」されることは間違いないでしょう。

国内随一のガストロノミー都市・京都の底力

そうはいっても、現在の関西の美食都市といえば京都です。

ミシュランの星の数が平米当たり一番多い都市であり、実際のところ、日本料理だけでなく、洋食やステーキ、寿司、中華のジャンルでも傑出しています。『ミシュランガイド京都2023』で京都の3つ星は6軒で、すべて日本料理ですが、19軒ある2つ星の内訳には、中華料理やイノベーティブ料理店も入っています。1つ星にいたっては73もあるのです。

日本料理はコロナにおいても予約がまったく取れなかった店が多かったのに加え、すでに会員制、実質会員制になっているため、ミシュランに掲載されない店も多くなっています。

先述した「空」プロジェクトは、思えば、やはり京都からしかはじめることができなかったでしょう。京町家を3年間借りて、情報すらクローズドだったプロジェクトで（最後は軌跡を描いた書籍『奇跡のレシピ』が発行されましたが）、観光地でありながら排他的でもある京都らしい企画だったと思います。

京都もさまざまな形態の店がありますが、京都らしい店は町家のカウンターです。たとえば祇園町の細い小路を入った奥にある、間口の狭いカウンターしかない割烹。少人数で経営するがゆえに常連だけで成り立ち、知らない人は入れたくない。だから京都人はとてもカウンターを大事にするのです。

だいぶ昔ですが、友人が京都の割烹にデートに行ったときの逸話を苦笑しながら話したことを思い出しました。いかにも京都の割烹らしい話だったからです。

その店は彼の父親が常連だったところで、彼としてはかなり力の入ったデートだったのでしょう。カウンターにふたりで座ったところ、彼女はトイレに立って戻ってきたのですが、料理がはじまると、大将はなぜかご機嫌で、デートも大成功。後日その店を訪れたとき、大将は彼にこう言ったというのです。

「このあいだ連れてきた子は、いままでお前さんが連れてきた中で一番いい。お前にはもったいないくらいの子だったね。うちのカウンターを見て、トイレに行って指輪や時計を全部外してきただろう。ああいう心遣いのできる子なんて、いまどきは探してもなかなかいないよ」

その店のカウンターは檜の一枚板で、毎日ピカピカに磨き上げられているものだったそうです。ご存じのように檜は毎日掃除をしないと汚れが沈殿するし、柔らかいから傷がつきやすい。それを知って、彼女は硬い装飾品を外してきたのでしょう。

両親からそういう教育を受けてきたのかもしれないし、もしかしたら、大人になってからそれなりの人と場数を踏んだのかもしれませんが、店の内装を見て瞬時に行動に移せるのは素晴らしいことだと思いますし、そういう女性を見てご機嫌になってしまう大将というのが、京都らしいエピソードでした。


ツーリズムに必要な「いい観光」が京都には充分あることは、いうまでもありません。そして「いい宿」もこの数年でどんどん建設されています。

「コンテンポラリージャパニーズ」をコンセプトにしている「ハイアット リージェンシー 京都」、800年の歴史を持つ「積翠園」を有する「フォーシーズンズホテル京都」、嵐山に佇む「翠嵐 ラグジュアリーコレクションホテル 京都」、設立130周年記念で始まった大規模リニューアルで生まれ変わった「ウェスティン都ホテル京都」、洛北に広がる森の庭にひっそりと佇む「アマン京都」、祇園や先斗町などにも近い「ザ・リッツ・カールトン京都」などの外資系ホテルのほか、「バンヤンツリー・ホテル京都」「シックスセンシズホテル リゾート スパ」「デュシット 京都」なども建設予定となっています。どれも先述のように、価格はうなぎ上りのようですが、それくらい富裕層はまず、京都に行きたいわけです。

また、最近は京都郊外にも面白い飲食店がいくつもできています。その中のニューフェイスをひとつご紹介しましょう。

「田舎の大鵬」は、京都市内の行列中華料理店として知られる「大鵬」の2代目が京都郊外の綾部市内に出した店。綾部とはかつて、大本教《おおもときょう》が一世を風靡した場所ですが、京都から車で1時間以上かかる店です。市内の店とは違い、自然と一体化した空間で、平飼いの鶏肉を捌いて丸鶏にするなどの料理で、友人の家に招かれたような場所です。

神戸&奈良がフーディーに注目される理由

京都や大阪が素晴らしいのは当たり前として、関西で最近、フーディーが注目しているのは神戸と奈良です。なかでも奈良は今回、モデル観光地にもなりました。

ここ数年、私は訪れてないのですが、神戸は「カセント」「ハジメ」「日本料理 子孫」といったイノベーティブな料理を出す店が評判よく、港のある街だからこそ先進的なことが似合う、というイメージです。

いっぽう奈良ではここ数年、強固にガストロノミーツーリズムを推し進めており、2022年12月に「第7回UNWTOガストロノミーツーリズム世界フォーラム」が行われました。UNWTOとは、国連世界観光機関のことで、本部はスペイン・マドリッドにあります。

UNWTOはアジア太平洋の観光の急速な成長を支援するため、1995年日本に地域事務所として設立されました。

〈観光は、現代において最も活動的な経済部門の一つです。マーケット情報の共有及び成功事例をハイライトしていくことで、観光は目的地、地域の人々及び世界の旅行者にとって恩恵が得られるような、効果的な開発のツールになり得ます〉

という目的で活動しており、重要課題としてガストロノミーツーリズムを位置付けているのです。

2015年にサンセバスチャンで第1回UNWTOガストロノミーツーリズム世界フォーラムが行われてからは、ペルー（リマ）、スペイン（サンセバスチャン）タイ（バンコク）、スペイン（サンセバスチャン）、ベルギー（ブルージュ）で行われ、第7回開催地として日本の奈良県が選ばれました。当初は2022年6月の予定でしたが、コロナ禍で延期され、12月になりました。

今回のテーマは「人と地球のためのガストロノミーツーリズム：革新し、活躍を推進して、維持する」で、フォーラムでは、持続可能な社会の発展、価値ある資源としての食材利用、若手と女性の活躍の推進、人材育成におけるガストロノミーツーリズムの役割について議論されました。

このフォーラムにおけるガストロノミーツーリズムとは、「その土地の気候風土が生んだ食材・習慣・伝統・歴史などによって育まれた食を楽しみ、その土地の食文化に触れることを目的としたツーリズム」であり、私が考えるものとはちょっと違う定義ですが、いまや世界規模で食と観光の関係性が論議されていることがわかります。

また、奈良県では2016年に設立した「なら食と農の魅力創造国際大学校」とサンセバスチャンの料理大学「バスク・クリナリー・センター」が2022年度、連携協定を結んでいます。さらにいえば、隣県の三重県とも広域連携を進めています。

このように関西圏のガストロノミーツーリズムへの期待は、目覚ましいほどです。

ただ単に1カ所を楽しむのではなく、大阪を起点として京都から福井、富山へ抜けるもいいし、京都から滋賀、愛知というルートもあります。京都の日本海側から島根、鳥取というコースも作れそうです。

京都から大阪へのコースを考えると、その後、神戸へ抜けて瀬戸内ラグジュアリーツーリズムと合体するとか、奈良から三重、和歌山へ下る紀伊半島ガストロノミーツーリズムを満喫することも考えられます。

国内外のゲートウェイ・福岡と美食タウン・札幌のポテンシャル

九州の最大都市「福岡」もフーディーにとっては魅力的な街です。

福岡は、韓国人が来日するときに福岡から入るケースが多いため、もともとアジアからのゲートウェイとして知られています。食においては、江戸前寿司とは違った九州独自の寿司が進化しており、先述した「照寿司」のほかにも、「鮨 さかい」「鮨 行天」「安春計」「菊鮨」「天寿し 京町店」などには、フーディーが世界中から押し寄せ、予約が取れない店が目白押しです。

しかし福岡で近年、フーディーを一番驚かせたのは「GohGan（ゴウガン）」の開店でしょう。2015年から4年連続で「アジア・ベストレストラン50」第1位を獲得した、バンコクのインド・イノベーティブ料理「Gaggan（ガガン）」のオーナーシェフであるガガン・アナンド氏（ガガンは2019年閉店したのち、新店を開店）と、「アジア・ベストレストラン50」常連で2022年秋に一度閉店した福岡のフランス料理「La Maison de la Nature Goh（ラ メゾン ドゥ ラナチュール ゴウ）」の福山シェフのコラボレストランです。

グランドハイアットの斜め前あたりにできた新しいビルに2022年12月にオープン。1階が「ゴウガン」で、3階に「Goh（ゴウ）」が復活して入ります。

先行して訪れている人の話を総合すると、ゴウガンはアラカルトで、お互いの料理が並んでいるだけでなく、ふたりの個性が渾然一体となっていて、何を頼んでも楽しいレストランになっているらしい。

いっぽうゴウは、「タ－ブルドット」スタイル。タ－ブルドットとは、ひとつの大きなテーブルをゲスト全員で囲み、料理を楽しむ方式です。たまたまそこに居合わせた客同士が料理やワインなどの会話を交わし、同時性を楽しむセレンディピティの面白さを体現しているのです。

2階にも先鋭的なバーが入るなど、ビル全体が世界のフーディーを意識した作りとなっていて、アフターコロナにおいては、まず目指すべき場所となるでしょう。

福岡郊外では糸島地区も魅力的です。日本一の売り上げを誇る道の駅「伊都菜彩《いとさいさい》」で有名な場所で、つまり地元の名産品が多い証拠です。近年は飲食店の誘致に力を入れていますが、東京・広尾の名フランス料理店「アラジン」のシェフ夫婦が移住するなど、面としてのガストロノミーツーリズムに力を入れています。

九州へ来るには福岡は絶対に外せない場所です。ここから九州各地へと移動するガストロノミーツーリズム、ラグジュアリーツーリズムのまさに玄関口となっています。


北海道の中心・札幌も美食の街です。

「鮨 一幸」や「鮨菜 和喜智」など、海鮮を使った評判の店はいくつもありますが、札幌でフーディーのあいだで話題になっているのは発酵調理。なかでも2022年6月に惜しまれながら閉店した「ベイジャフロール」でした。シェフの佐藤幸大さんは20歳のときに、東京で有名になった「リストランテ カオル」オーナーシェフ長谷川稔さんのもとで修業。その後、イタリアに3年間渡り、札幌でイタリアン「アンティーカ トラットリーア フォルトゥーナ グランデ」を開店したのちに、このレストランを開きました。

北欧料理の要素も取り入れた新しい料理を出す料理人として、一部のフーディーたちからは熱狂的に支持されたのですが昨年、残念ながら閉店しました。ただ、2023年中に東京で新たな店を開く予定と聞きます。

地方にあっても、大都市の福岡や札幌にはいいホテルも続々できています。そして、先述したように九州、北海道にはその後、訪れるべき観光地がさまざまあります。

このように大都市には、そこ単体で「いい食」「いい宿」「いい観光」がありますから、そこだけでガストロノミーツーリズムにもラグジュアリーツーリズムにも振れる可能性があります。

東京＋魅力ある郊外（鎌倉、湯河原、茨城、山梨）の名店という組み合わせの妙

しかし、東京は単体だけでなく、周辺地域――たとえば、最近いいレストランが多数できてフーディーが頻繁に訪れる鎌倉や湯河原、熱海。シェフが集まって地域を盛り立てようとしている茨城県。日本ワインを中心にガストロノミーツーリズムを盛り上げようとしている山梨県。そして「ザ・リッツ・カールトン日光」ができてインバウンドの流入が増えている日光など――を巻き込めば、もっと魅力的なツーリズムができるに違いありません。

なかでも私が注目しているのは鎌倉と湯河原、茨城、山梨です。

鎌倉は最近、東京から移転するレストランが多くみられる場所です。築地にある四川料理店「一凛」は、築地店は維持をするものの、本店機能は鎌倉に移し、「一凛はなれ」を作りました。また、代々木上原にあったスペイン料理店「アルドアック」は「アンチョア」と名前を変えて移転。さらに本格的なスペイン料理店となりました。新規開店では、京都の「和久傳」で修業をした「鎌倉 北じま」の評判がとてもいいです。

鎌倉は東京から1時間ほどながら、海岸もあってリゾート気分も味わえます。古くから富裕層の居住地や別荘地として知られており、鎌倉幕府もありましたから歴史的名所も多いところ。満足できる宿はまだ少ないものの、東京を拠点にした観光地としてはとても魅力的です。

湯河原も近年、素晴しい店ができ、わざわざ訪れるフーディーが多くなっています。湯河原の高級料館「石葉」の元料理長が開店した日本料理「加瀬」をはじめ、「鮨こころ」「バル クラーベ」「レストラン圓」「瓢六亭」など、店名を挙げるだけで、いまからでも飛んでいきたくなります。

いっぽう茨城県は、地元の日本料理店「京遊膳 花みやこ」のオーナーシェフであり、「いばらき食のアンバサダー」を務める西野正巳さんが「常陸国ガストロノミー」を結成し、地元の生産者、料理人など飲食関係者をまとめています。茨城県は地味ながら、うなぎやレンコン、常陸牛などの美味しい食材があり、土浦の日本料理「よし町」、常陸大宮のスペイン料理「雪村庵」、つくばのイタリアン「GIGI」など、いい店が隠れています。

山梨県は「ワイン県やまなし」を標榜し、県内で活躍するシェフやソムリエなどで構成され、食文化を発信する「やまなし美食コンソーシアム」を結成しています。山梨県は東京から短時間で行かれる避暑地のため、軽井沢同様、山中湖や河口湖には別荘が立ち並んでいますが、軽井沢ほど特色がなかったように思います。しかし、日本ワインが脚光を浴びるとともに、日本ワインの発祥の地として光が当たってきたのです。しかも県知事が美食振興に積極的で、「山梨県を日本のセバスチャンにしたい」と檄を飛ばしています。

実際、東京でミシュラン3つ星を獲得した日本料理店が北杜市に移転した「日本料理 八ヶ岳 えさき」や、やはり東京から韮崎市に移転したフランス料理「TSUSHIMI」など、山梨に魅力を感じて移転している店も多くなりましたし、富士山のふもとに高級オーベルジュを作ろうという計画も水面下で進行していると聞きます。観光庁のモデル観光地には惜しくも選定されませんでしたが、継続検討エリアに残っています。

こうした場所が「発見」されていけば、ここも東京から日帰り圏の魅力的なツーリズムの場所になるはずです。

第11章 美食立国として輝くために 地方創生と日本再生への提言

これまで、日本のさまざまな地方での取り組みを紹介してきましたが、このように「面のツーリズム」を考えれば、日本を美食で立国させる手法は多様にあると思います。

そのキーポイントは以下のような流れで行うことです。

◎点ではなく面でツーリズムを捉える

県や地方自治体単位ではなく、周囲との連携でインバウンド、富裕層を呼び寄せる工夫を考えましょう。

◎必要なのは「いい食」「いい宿」「いい観光」

食・宿・観光のどれもがうまく配置されている場所が美食立国の要点です。日本は食・観光はあっても「いい宿」が少ないのが難点だと思います。いい宿とはラグジュアリーなものだけを指すわけではありません。ラグジュアリーホテルは象徴的な意味であってほしいと思いますが、訪れる人が多くなり、多様な層になるにつれ、素朴であっても魅力的な宿が必要になってくるはずです。

◎一番のキーワードは「フーディー」

フーディーに「発見」されるような場所を作ることを考えることが重要です。フーディーは食に関するオタクなので、食以外には興味がほとんどない人種ではありますが、彼らの食に関する感性は最先端のものがあります。彼らに発見されて、それがアーリーアダプターである富裕層に伝播していくという、うまい流れを作ることができれば、しめたものだと思います。

◎食に関する「ヘンタイ」を呼び寄せる仕組みを作り上げる

富山駅から車でしか訪れることができなく、豪雪地帯を1時間半以上もかかる利賀村にオーベルジュを作った「レヴォ」の谷口シェフはまさに「ヘンタイ」です。しかし、そういうシェフがいるから、フーディーに発見されるのであり、フーディーの情報が世界を駆け巡り、その情報をキャッチしたアーリーアダプターの富裕層が訪れるという仕組みが作られたのです。いまや予約が6か月待ちになっています（しかも予約は6か月先までなので、実質は予約開始した途端に埋まるという循環になっています)。静岡県の天ぷら「成生」だって、滋賀県「徳山鮓」、岐阜県「柳家」だってそうです。そうしたヘンタイを探し当てる、もしくは作ることができれば、システムは動きはじめます。

◎ヘンタイが作り、オタクが発見した美食の聖地をトリクルダウンで発展させる

レヴォの谷口シェフは「レストランは大人の遊園地であり、遊園地になり得るだけの力を持っています」と語ってくれました。そして産業の少ない利賀村を遊園地化させるのが夢だと話します。遊園地というのは比喩ですが、利賀村にさまざまなエンタテイメントが作られれば、周辺住民には計り知れないほどの経済効果があらわれるでしょう。

また、富裕層はせっかく富山まで来たのなら、レヴォだけを訪れるわけではありません。岩瀬地区のレストラン、氷見のワイナリー、能登のイタリアン、金沢の寿司、福井の越前ガニなどといった美食の宝庫を旅したいと思うはずです。ひとつの突き抜けた存在があれば、そこからトリクルダウンで発展していくのです。

◎ガストロノミーツーリズムからラグジュアリーツーリズムへ

いまや政府も観光庁も富裕層誘致へ旗を振りはじめています。フーディーに発見された突き抜けた美食を核にしてインバウンドが好きな観光要素をつなげたのがガストロノミーツーリズムだとしたら、そこにもっとアトラクティブな楽しみやSDGs的な試みを加えて、富裕層に長期的に回遊させるのがラグジュアリーツーリズムです。先述の三重県での試論でいえば、伊勢志摩の美食やいい宿に「NINJA」の要素を加えるのがインバウンド好みのガストロノミーツーリズムで、熊野古道や和歌山のデスティネーションレストランを訪れる美食街道を作る楽しみがラグジュアリーツーリズムだと考えます。

◎都会のツーリズムは回遊型へ

東京には「いい食」「いい宿」「いい観光」の3要素はありますが、そこから周辺を回遊させることでさらに経済効果を高めることができます。横浜、鎌倉、湯河原、茨城、山梨、日光など、美食の楽しさを満足させる場所がたくさんあります。また、東京は横綱相撲に徹して美食情報を発信し、その情報をもとに地方も一緒に潤わせるという流れを作ることも必要でしょう。

いっぽう大阪や京都は、奈良・三重・和歌山などの紀伊半島へ向かうルート、琵琶湖を中心としたガストロノミーツーリズム、神戸から瀬戸内へと拡がるラグジュアリーツーリズムのハブとなることが期待されます。

◎ラグジュアリーな宿は「7・30・100」の壁を打ち破る努力を

これまでの日本のラグジュアリーツーリズムは、どうしても一泊二食7万円の壁を打ち破れなかったといいます。先述のように、高級宿泊施設を運営する友人も「7万円以上はこわくてなかなか設定できない」といいます。しかし、ガンツウやななつ星の成功を見るように日本人富裕層も実際は一泊30万円程度は出すようになってきました。インバウンドの富裕層なら100万円まで可能だといわれています。

しかし、それには実質がともなわなければなりません。食の充実だけではなく、オプショナルツアーの提案、SDGsやフードロスへの取り組みの可視化などがあってこそ、富裕層はきちんと対価を支払います。そうしたシステムを作り上げることが必要です。

◎日本の美食立国化で地方の生活水準を上げ、日本人も美食体験ができる循環を作り上げる

地方のシェフたちと話をしていると、地元の人々にもっと貢献したいという真摯な思いが伝わっ

てきます。先述のトリクルダウンをうまく実現し、地方経済が潤うシステムをきちんと作り上げる必要があると私は切に思います。観光庁も今回は本腰を入れてくれそうです。インバウンドをうまく使い、美食で立国することによって、日本が経済的にも復興し、日本人自身が積極的に美食を享受できるようになりましょう。

エピローグ　日本ガストロノミー協会のことなど

日本を美食で立国するのはけっして簡単だとは思いません。しかし、道筋をきちんと定めれば無理難題だとは私には思えないのです。私自身も、「食」の世界で蓄積してきたこの20年ほどの経験をうまく活かせば、日本を美食で観光大国にすることに助力ができるような気がします。そんな思いを最後にまとめてみたいと思います。

第1章でサンセバスチャンの美食倶楽部のことを書きましたが、私は2018年に、東京にも美食倶楽部を作ろうと思い「日本ガストロノミー協会」を立ち上げました。

「世界一の美食都市」と呼ばれるサンセバスチャンと日本はどう違うのか。日本は食べ歩きに関していえば、サンセバスチャンと同等かそれ以上に盛んかもしれません。しかし、食の文化は食べるだけではありません。そこで「食べ歩き」だけではない食の楽しみをもっと味わいたいと思って、同じ志を持つ10人ほどでこの団体を設立したのです。

料理を作ることの楽しみを知れば、食への関わり方はもっと複合的になります。そこで東京の代々木にキッチンを構え、料理を作ったり、食べたり、話をする「食コミュニティ」の拠点としました。素人であっても料理を作りあって楽しむ会を定期的に行いながら、もっと料理上手になりたい人にはプロに料理を習う講習会も開きますし、プロとキッチンを囲んで食のいまを話し合う場も設けました。今後は地方の料理人との交流をもっと深めたいですし、生産者の話も聞いてみたいと思います。地方自治体と東京の飲食店をつなげるハブにもなれると思っています。

たとえば私は、この日本ガストロノミー協会で「柏原います！」というイベントを行っています。イベント名は恥ずかしいのですが、美食倶楽部の設立精神にちなんだイベントで、私は食材をキッチンに持ち込んで料理を何品か作るので、みなさんも仕事帰りにスーパーマーケットで食材を買って、みんなでなにか作ろうよというイベントです。

料理といってもむずかしいものを作る必要はありません。私は聞かれると「クックドゥで青椒肉絲《チンジャオロース》を作ったっていいんです」と答えています。

クックドゥの青椒肉絲は、説明書通りに作っても美味しいと思いますが、行きつけの会社の近くの町中華とは味が違うかもしれません。もっとオイスターソースが入ったほうが自分好みかもしれないし、ちょっとラー油を足せば青椒肉絲とは違うかもしれないけれど、美味しくなるかもしれません。そんなことをしているうちに、わざわざ合わせ調味料を使う必要はなくなるわけです。

そうしたらしめたもの。料理の世界は広がるわけです。冷蔵庫を開け、残り物があったら、これをどうしようかと悩むのも料理好きのとても楽しい時間です。

それでも料理には自信がなかったら、ワインや日本酒でも片手にキッチンにきてください。私たちが作った料理を楽しみながら、いろいろ楽しみましょう。

「柏原います！」はそんなイベントです。最初に一番町ではじめたときから70回を超えましたが、ここで知り合い、仲良くなった方は数多くいます。職業や年齢は違っても、食べることが好きだということで結びついている関係は、とても気持ちのいいものです。

いつの間にか「食」が本業に

また、私は新卒で入社して以来、在籍していた出版社「文藝春秋」の新規事業として2020年に、食のお取り寄せ「文春マルシェ」を立ち上げました。

出版社が出版業だけで経営していくのがむずかしくなっている中、2018年に会社から「コンテンツに依存しない新規事業を立ち上げられないか」という命題を与えられたのです。いろいろ企画を出してはうまくいかなく、悩んでいるときに、部員たちから「柏原さんは食のことを会社ではやりたくないかもしれないけれど、一番好きなんだから、それが新規事業の近道じゃないですか」という声に踏ん切りがつき、提出したのが、この事業でした。

当初のスタート予定は2021年春でしたが、コロナ禍で通販は追い風となったため、準備期間を圧縮して2020年10月に開始しました。老舗食通販で活躍していたバイヤー歴20年の友人がジョインしてくれたこともあって、130品目からスタートした通販は、2年を超える頃には500以上になりました。私は2023年3月に定年退職したため、いまはプロデューサーとしてのかかわりですが、後輩たちが頑張ってくれています。

文春マルシェ事業を通して知ったことは、地方には小さいけれど丁寧で美味しいものを作っている生産者がたくさんいるということです。まだあまり知られていないけれど美味しい商品を全国から発掘し、商品開発のストーリーとともにお客様にお届けしたいと思っています。美味しいものを発掘し、その背景を取材し、文章にするという作業は、これまでやってきた出版社の雑誌や本づくりと一緒です。編集者のはずだった自分がいつの間にか「食」が本業になっていったわけですが、こう考えるとスキル的には連続して変化していったことがわかります。

文春マルシェで培えたことは、地方のネットワークを構築し、生産者の方々の抱えている悩みを知ることで、地方の生産者と首都圏のお客様をつなげる橋渡しです。これは美食立国の形成にも大いに役立つと考えています。

美味しい店を発見する意義

日本ガストロノミー協会は「食べ歩き以外の食文化の楽しみ」をモットーにしていますが、食べ歩きを否定しているわけではありません。プロの作った料理を楽しむことは、食の地平線を広げる行為ですし、同じような好みを持つフーディーたちとの交友は純粋に楽しいものです。

私は文章を書くことが好きなので、食べログとフェイスブックに書き込むことが多いのですが、現在、食べログのフォロワーは5万2000人以上います（全国3位）。

私はすでに有名な店よりも、まだ「発見」されていないけれど実際は美味しい店をレビューすることが好きなので、そういう店のレビューを書くことで、5万2000人が読んでくれることで「いい店」が多くの方に「発見」され、認知され、店も発展することを願っています。

もちろん、私はどんな分野の料理にも精通しているわけではありません。たとえば中国郷土料理の分野には、私が勝手に師匠とあがめているレビュアーが数人います。彼らが挙げているレビューを読んで、美味しそうな店に出かけるのです。なかには、いまだにお目にかかったことのない人もいますが、そういう方とはじめて会ったとき、私がレビューを参考にしているというと、こう答えてくれました。

「中国郷土料理は、中国人の地方のシェフが自分の力で出した店が多く、美味しいものを出していても資金力がないから長く続くかどうかわかりません。私が見つけた店を柏原さんが美味しいと思って、行ってくれて拡散してくれれば、その店は長続きするかもしれません。そう考えると、我々はとてもいい関係かもしれません」

私にそんな力があるとは思いませんが、個人店を応援したいという気持ちは一緒です。美味しいと思ったところをSNSやさまざまな飲食メディアで発信してきたのには、そういう意味合いがありました。

コロナ禍の2020年3月からは「note」というネットメディアで毎朝、「飲食業界ニュースまとめ」をはじめました。

コロナ禍で飲食業界はどうなってしまうのだろう、日々の飲食業界の動きをキュレーションしていけばきっとわかるだろうという思いで、毎朝1時間ほどかけてさまざまなネットメディアをキュレーションして1日10本程度の記事を挙げています。

おかげさまで連載は途切れることなく、現在は1000回を超えています。「継続は力なり」とはよくいったもので、毎日ニュースを調べていると、この3年間の飲食業界の動きは自然と頭の中に入ってくるものです。私はどちらかというと以前は、個人店のオーナーや料理人の動きを注目していましたが、飲食業界ニュースまとめをはじめてから、複数店を経営する若いオーナーの考えにも目がいくようになり、今回の執筆にも役に立ってくれました。

飲食店側に立って、集客・経営を考えることも多くなりました。飲食業界の長年のトレンド、コロナ禍で変わった状況をきちんと考察してくと、マクロからの視点、客としての視点からのコンサルも必要になっています。そうした視点から個々の飲食店に必要なものを指摘することは、飛躍したい飲食店には特に大切なことではないかと思っています。

ここ数年、私が行動してきたことは、ちょっと偉そうな言い方になるかもしれませんが、食文化全般を考察しながら、新しい食文化の道を模索してきたということだと思います。この経験を活かして、今後は日本の食文化をもっと発展させていくためのお手伝いを、今後はしたいと思うのです。その背景には「日本の食」はまだまだ伸びしろがあるという思いがあります。


最近は、地方自治体との交流が増えてきました。彼らの悩みを聞くことにより、生まれてきた試論が今回の「美食立国論」なのですが、華やかな美食の場所とは別に、地味だけれども訪れたい素晴らしい場所もまた、日本全国にはいくつもあります。

私が注目しているところに西伊豆町があります。静岡県の伊豆半島西岸の人口8000人ほどで、黄金崎や堂ヶ島などの景勝地があり、「夕陽の町」といわれるほど絶景が楽しめる場所です。

ただ、いかんせん東京から遠いのです。電車でも車でも東京から3時間以上、温泉もあるので宿泊施設はいくつもありますが、わざわざ訪れるべきといえるような特色のある場所はありません。それは飲食店も同じです。

だから、これまで論じてきた「美食立国」にはあてはまらないのですが、そういう場所の良さがわかる人にはぜひ訪れていただきたいところです。魚が美味しいのは当たり前ですが、それだけではなく、山の幸も豊富ですからジビエも美味しい。

私は以前、代々木にある日本ガストロノミー協会のキッチンに西伊豆町から魚を送ってもらい、イベントを行いましたが、魚の鮮度だけでなく、処理の仕方の丁寧さにも驚かされました。イベントには、西伊豆町出身の料理人が来てくれたのですが、彼の作る料理にも唸ったものです。

東京の郊外にも、まだまだ発見されていない店はあります。埼玉県入間市に「郷土料理ともん」という店があります。入間市駅から徒歩20分と遠く、観光客を目当てにしている店ではありません。ランチの一番人気はフキノトウやタラの芽などの山菜天ぷら、けんちん汁などが入った3段重の「ともん定食」ですが、「天ぷら定食」「山女魚姿焼き定食」といったリーズナブルなランチも地元のお客様に好評だそうです。しかし、ここの真骨頂は夜のコースです。

食材は、店主と息子さんが日本全国の渓流から獲ってくる川魚や山菜、きのこたち。予約にあわせてわざわざ釣ってくるのですから、美味しいに決まっています。私が行ったときには前日に富山県まで出かけて釣ったというイワナが食卓を飾りました。

私がはじめて行ったのは10年以上前で、そのときから考えればずいぶん知られてきましたが、まだまだ有名になったわけではありません。そういう店が日本にはいくらでもあると思うのです。

私は今回の論考を、単に金持ちだけを狙った立国論にするつもりはありません。フーディーたちに日本の食の豊かさを発見してもらい、そこから世界中の観光客を呼び寄せ、日本を美食立国にするのは第一フェーズだと思っています。

そして日本の素晴らしさを知った人々は、華やかさだけではない日本の発見へ向かうと思うのです。それが先述した西伊豆町や郷土料理ともんのような、いぶし銀の魅力です。

それが「発見」されたら、日本の観光は奥の深いものになるでしょう。

総合商社に勤める友人が先日、こんなことを話してくれました。

「アジアの富裕層の友人が日本を旅行したいというから、レストランや高級旅館をいくつか紹介したら、とても気に入って毎年訪れるようになったんですよね。最初は毎回、サジェスチョンしてきたのですが、3年もすると彼らが入っている日本大好きコミュニティの情報のほうが多くなって、いまや私なんかが知らない美食の旅を勝手にしていますよ」

私には、アジアの富裕層向けに日本旅行のコーディネートをしている友人が何人もいますが、彼らも毎回、情報収集には苦慮しています。先日は「ランチでレヴォを訪れ、夜は寿司を食べたあと富山に一泊、最後に京都に行くんだけれど、そのあいだの行程で訪れるのにいい店はないか」という相談を受けました。そのグループは30代のタイ人の経営者たちのご一行だそうです。

２０２２年の年末から出入国が緩和されたとき、彼らはまず日本を目指しました。それくらい日本の美食は彼らにとって魅力的なのです。そのパッションを使わない手はないと私は思っています。

「美食立国」日本を旗印にして、日本をもっと輝かせたいと私は思うのです。

あとがきにかえて　最後の晩餐は究極の日常、旅での食事は非日常

　コロナ禍はどの飲食店も大変でしたが、その中でも流行ったのはビストロや大衆食堂、ガチ中華など、日常的な飲食店でした。

　どんなときでも人は食べなくては生きていけません。心に余裕があるときは、アーティスティックな料理や、食べたこともないジャンルに挑戦してみようと思うものですが、余裕がないときはこれまで味を知っており、間違いがないものを選ぶわけです。

　私にとって、死ぬ前日に食べたい、いわゆる「最後の晩餐」は天丼です。私が生まれ育った家の近所に「天安」という庶民的な天ぷら屋がありました。とはいえ、天ぷら好きには知られた店で、開店前にはいつも行列ができていました。メニューは、天ぷら定食の並と上、同じネタを丼にした並天丼と上天丼の4種類だけ。私が好きなのは上天丼で、海老と丸々揚がった穴子一本、あとは海老と小柱のかき揚げで、野菜は入らない昔気質の天丼でした。

　胡麻油の香り漂う店内で黙々と鍋と対時する主人は、どんなに混んでいても料理を出す順番を間違えませんでした。濃いめの天つゆにくぐらせてからご飯の上に載せられた天ぷらは、甘さも辛さ

も絶妙で、ごはんもとても美味しかったのを覚えています。

しかし、残念なことに、天安は10年以上前に閉店してしまい、私にとって「最後の晩餐」は、天安の天丼と匹敵するくらいうまい天丼を探し当てることにかかっています。それは、ひとり数万円もする高級天ぷら屋の上品な天丼ではなく、胡麻油が香り、掻き込む快感が味わえる天丼です。

でも、最後の晩餐がいくら私にとって美味しい料理だったとしても、それは「究極の日常」であって、旅や観光など「非日常」において楽しみたい食体験ではありません。前向きになって、「その地方の美味しいものを発見するぞ！」と思うとき、私が行ってみたいのは、その土地でしか味わえない、とっておきのものです。

本文でも触れていますが、軽井沢にある「Naz」は、軽井沢といっても駅から車で30分ほど。ホテルの受付前のラウンジを改造してつくったようなレストランで、厨房も広くありません。

国内のイタリア料理店で修業したのちイタリアで勉強した鈴木夏輝シェフに革新をもたらしたのは、「世界のベストレストラン50」で世界一にも輝いているデンマーク「ノーマ」や「カドー」での経験だったといいます。そこで覚えた「発酵」をテーマに独立したのですが、オープン直後から食いしん坊の別荘族に「発見」され、いまや予約は1年以上取れません。

私もはじめて訪れたときは数か月に一度は行っていましたが、いまはかなり先。それでも毎回新しい感動を与えてくれます。この店のスペシャル料理は、信州サーモンと発酵したカブを使った料理です。これだけはいつ行っても提供されるのですが、佐久穂町のきれいな清流で養殖された信州サーモンを使って、ここまで繊細な料理に仕上げられるのかと驚きます。

こうした驚きと発見を得られる店をフーディーは探しているのです。先述しましたが、私はよく、町おこしの材料として「うちの県のコシヒカリは日本一の旨さです」「うちの干し芋はどこよりも甘くて美味しい」などをあげ、これで観光客を呼び寄せられないかと相談を受けます。

もちろん美味しいのでしょうが、それは日常の旨さの延長でしかありません。いってみれば「究極の日常」のたぐいということです。しかも、コシヒカリも干し芋も取り寄せることができます。その土地の空気を味わい、風景を愛でながら食べたほうが美味しいでしょうが、それだけの理由で、わざわざ現地に行かせるのはむずかしいと私は思うのです。

私もそうですが、日常の延長には心地よさがあるので、それに流れがちです。しかし、そこには人々を突き動かす衝動はないと私は思っています。

世界中の美味しいものを食べているフーディーを動かし、日常のものには飽きている富裕層をわざわざ旅行に行かせるのは簡単なことではありません。彼らに旅行に行こうと思わせる要素は、とっておきの絶景であったり、素晴らしい宿であったり、美味なる旅行であったり、どれが人を動かすにはそれぞれ理由がありますが、そのすべてに共通するのは、突き抜けた感動だと思うのです。

フーディーを使ったガストロノミーツーリズム、ラグジュアリーツーリズムは、必ずや日本を復活させる手段になると思いますが、それはけっして簡単な道ではないことは確かです。

ただ、楽しい努力だと私は思います。

この原稿を書くにあたって、たくさんの方にご協力、サジェスチョンをいただきました。出版を決断して下さった日刊現代社長の寺田俊治氏、担当の橋上弘氏、石井康夫氏。そして一緒に伴走してくださった編集者の中田雅久氏、推薦文をくださった小山薫堂氏にはとても感謝しています。

また、具体的な名前は失礼しますが、日本ガストロノミー協会の理事や会員の方々、文春マルシェにご参加いただいている生産者や運営している方々、フェイスブックをはじめとしてSNSでつながっている方々、食メディアに携わっている方々、地方でガストロノミーツーリズムの発展に日々努力されている方々、商業デベロッパーや飲食店の方々などです。みなさんと日常的にやりとりをさせていただくことによって、今回の企画の内容が醸成されました。ありがとうございます。

そして、いつの間にか食を仕事にしている私を暖かく見守ってくれている家族に感謝します。

2023年5月

柏原光太郎

参考文献

『ファッションフード、あります　はやりの食べ物クロニクル』畑中三応子　紀伊国屋書店
『〈メイド・イン・ジャパン〉の食文化史』畑中三応子　春秋社
『自己流は武器だ。私は、なぜ世界レベルの寿司屋になれたのか』渡邉貴義　ポプラ社
『東京・味のグランプリ２００』山本益博　講談社
『グルマン　１９８４』山本益博・見田盛夫　新潮社
『外食を救うのは誰か』鷲尾龍一　日経ＢＰ
『東京いい店うまい店』文藝春秋編　文藝春秋
『東京うまい店』柴田書店編　柴田書店
『東京いい店やれる店』ホイチョイ・プロダクションズ　小学館
『見栄講座　ミーハーのためのその戦略と展開』馬場康夫　小学館
『田中康夫が訊く　どう食べるかどう楽しむか』光文社
『東京最高のレストラン２０２３』マッキー牧元、小石原はるか、松浦達也、森脇慶子、浅妻千映子　ぴあ
『浜作主人が語る 京料理の品格』森川裕之　ＰＨＰ研究所
『男の生活の愉しみ 知的に生きるヒント』宮脇檀　ＰＨＰ研究所
『美味礼讃』海老沢泰久　文春文庫
『食いもの旅行』狩野近雄　文藝春秋
『好食一代』狩野近雄　三月書房
『フレンチ・レストラン　フィガロの物語』入部隆司　世界文化社
『キャンティ物語』野地秩嘉　幻冬舎
『京味物語』野地秩嘉　光文社
『ヴィラデストの厨房から』玉村豊男　世界文化社
『料理に「究極」なし』辻静雄　文藝春秋

『なぜニセコだけが世界リゾートになったのか　「地方創生」の無残な結末』高橋克英　講談社＋α新書
『地方創生大全』木下斉　東洋経済新報社
『人口18万の街がなぜ美食世界一になれたのか——スペイン サンセバスチャンの奇跡』高城剛　祥伝社新書
『江戸前にぎりこだわり日記』川路明　朝日出版社
『すきやばし次郎　旬を握る』里見真三　文藝春秋
『フードテック革命 世界700兆円の新産業「食」の進化と再定義』田中宏隆・岡田亜希子・瀬川明秀　日経BP
『東京アンダーワールド』ロバート ホワイティング　角川書店
『奇跡のレシピ 京都祇園3年間だけのレストラン「空」』プロジェクト〝空〟KADOKAWA
『魅惑の南仏料理』春田光治　中央公論社
『味の手帖　悪食三昧』樫井雄介（柏原光太郎）味の手帖
『連載：進化し続ける食メディアの変遷』柏原光太郎　Retty

※本文中の引用に関しては、本文に引用先を明記。その他、インタビュー、ネット検索を多数活用。

東海地方

成生（静岡県）、馳走西健一（静岡県）、日本料理FUJI（静岡県）中国料理村松（静岡県）、シンプルズ（静岡県）、レストラン・カワサキ（静岡県）、海（静岡県）、瞬（静岡県）、勢麟（静岡県）、茶懐石 温石（静岡県）、「レストラン圓」（静岡県）、柳家（岐阜県）、摘草料理かたつむり（岐阜県）、にい留（愛知県）、得仙（愛知県）、トゥ・ラ・ジョア（愛知県）、寿しの吉乃（愛知県）、アマネム（三重県）、志摩観光ホテル（三重県）、The Hiramatsu Hotels & Resorts 賢島（三重県）、御宿 The Earth（三重県）、VISON（三重県）、イズルン（三重県）、私房菜きた川（三重県）、金谷　本店（三重県）、日の出（三重県）

関西地方

比良山荘（滋賀県）、徳山鮓（滋賀県）、招福樓（滋賀県）、菊乃井（京都府）、たん熊　北店（京都府）祇園さゝ木（京都府）、京都吉兆（京都府）、アマン京都（京都府）、眞松庵（京都府）、緒方（京都府）、和久傳（京都府）、瓢亭（京都府）、ハイアット　リージェンシー　京都（京都府）、フォーシーズンズホテル京都（京都府）、翠嵐　ラグジュアリーコレクションホテル京都（京都府）、ウェスティン都ホテル京都（京都府）、ザ・リッツ・カールトン京都（京都府）、田舎の大鵬（京都府）、ラシーム（大阪府）、浪速割烹 㐂川（大阪府）、作一（大阪府）、カセント（兵庫県）、ハジメ（兵庫県）、日本料理　子孫（兵庫県）、GARB COSTA ORANGE（兵庫 県）、KAMOME SLOW HOTEL（兵 庫 県）、KAMOME SLOW HOTEL Sustainable Cottage（兵庫県）、Lazy Inn（兵庫県）、淡路島 回転すし 悦三郎（兵庫県）、中華そば いのうえ（兵庫県）、オオハマビーチテラス（兵庫県）、熊野別邸 中の島（和歌山県）、オテル・ド・ヨシノ（和歌山県）、ヴィラ・アイーダ（和歌山県）、召膳 無苦庵（和歌山県）

中国・四国地方

acca（岡山県）、AKAI（広島県）、ベラビスタ スパ&マリーナ 尾道（広島県）、エレテギア（広島県）、鮨 双忘（広島県）、かに吉（鳥取県）、美加登家（島根県）、メゾン・アウル（山口県）、瀬戸内リトリート青凪（愛媛県）、あか吉（愛媛県）

九州

照寿司（福岡県）、鮨 さかい（福岡県）、鮨 行天（福岡県）、安春計（福岡県）、菊鮨（福岡県）、天寿し 京町店（福岡県）、GohGan（福岡県）、Goh（福岡県）、Pesceco（長崎県）、ヴィッラ デル ニード（長崎県）、亀の井別荘（大分県）、由布院 玉の湯（大分県）、Luxury villa zakuro（大分県）、おやど 二本の葦束（大分県）、ENOWA（大分県）、Restaurant Etat d'esprit（沖縄県）、バカール（沖縄県）、タベルナ・ナカマ（沖縄県）、ペスケリアドゥエ（沖縄県）、6（沖縄県）、モベゼルブ（沖縄県）

海外

ゲラニウム（デンマーク）、カドー（デンマーク）、ノーマ（デンマーク）、コックス（デンマーク）、アルサック（スペイン）、アケラレ（スペイン）、マルティンベラサテギ（スペイン）、エルカノ（スペイン）、Chiva-Som（タイ）、ブルーヒル・アット・ストーンバーンズ（アメリカ）、セントラル（ペルー）

本書に登場する飲食店・ホテル [地方別]

北海道・東北地方

チミケップホテル（北海道）、余市 SAGRA（北海道）、マッカリーナ（北海道）、ヘイゼルグラウスマナー（北海道）、ELEZO ESPRIT（北海道）、鮨 一幸（北海道）、鮨菜 和喜智（北海道）、日本料理 たかむら（秋田県）、山菜料理 出羽屋（山形県）、とおの屋 要（岩手県）

北陸地方

リバーリトリート雅樂倶（富山県）、レヴォ（富山県）、ヘルジアンウッド（富山県）、日本料理 山崎（富山県）、鮨人（富山県）、鮨 大門（富山県）、ひまわり食堂（富山県）、ふじ居（富山県）、セイズファーム（富山県）、ねんじり亭（富山県）、片折（石川県）、すし処めくみ（石川県）、ヴィラデラパーチェ（石川県）、ラトリエ・ドゥ・ノト（石川県）、金城樓（石川県）、銭屋（石川県）、さかい（石川県）、乙女寿司（石川県）、鮨 志の助（石川県）、オーベルジュ オーフ（石川県）、望洋楼（福井県）、川㐂（福井県）、鮨 十兵衛（福井県）

甲信越地方

Restaurant Uozen（新潟県）、里山十帖（新潟県）、カーブドッチワイナリー（新潟県）、日本料理 柚木元（長野県）、星野リゾート 軽井沢ホテルブレストンコート（長野県）、レストラン TOEDA（長野県）、フォリオリーナ・デッラ・ポルタ・フォルトゥーナ（長野県）、ラ・カーサ・ディ・テツオ オオタ（長野県）、Restaurant Naz（長野県）、THE HIRAMATSU 軽井沢 御代田（長野県）、Le Grand Lys（長野県）、La Lumiere Claire（長野県）、草如庵（長野県）、レストランさんざ（長野県）、グスク（長野県）、割烹 祇うち（長野県）、KANOLLY Resorts HAKUBA（長野県）、灯籠館（長野県）、日本料理八ヶ岳えさき（山梨県）、TSUSHIMI（山梨県）

関東地方

京遊膳　花みやこ（茨城県）、よし町（茨城県）、雪村庵（茨城県）、GIGI（茨城県）、帝国ホテル東京　レセゾン（東京都）、ナリサワ（東京都）、Wakiya（東京都）、山田チカラ（東京都）、肉山（東京都）、傳（東京都）、一凛（東京都）、Ata（東京都）、ドンブラボー（東京都）、本店浜作（東京都）、辻留（東京都）、割烹中嶋（東京都）、四川飯店（東京都）、中国飯店（東京都）、ビストロ・ド・ラ・シテ（東京都）、キャンティ本店（東京都）、壁の穴（東京都）、イル・ボッカローネ（東京都）、ラ・ビスボッチャ（東京都）、シェ・リュイ（東京都）、きよ田（東京都）、カンテサンス（東京都）、ジョエル・ロブション（東京都）、ロオジエ（東京都）、小十（東京都）、かんだ（東京都）、濱田家（東京都）、すきやばし次郎（東京都）、東麻布天本（東京都）、フロリレージュ（東京都）、鮨さいとう（東京都）、都寿司（東京都）、セクレト（東京都）、鈴木屋（東京都）、天一（東京都）、天政（東京都）、くすのき（東京都）、たきや（東京都）、ブルガリホテル東京（東京都）、Keisuke Matsushima（東京都）、郷土料理ともん（埼玉県）、北じま（神奈川県）、一凛はなれ（神奈川県）、アンチョア（神奈川県）、「鮨こころ」（神奈川県）、「バル クラーベ」（神奈川県）、「加瀬」（神奈川県）、「瓢六亭」（神奈川県）

柏原光太郎（かしわばら・こうたろう）

1963年東京生まれ。「日本ガストロノミー協会」会長。慶應義塾大学卒業後、1986年株式会社文藝春秋入社。「週刊文春」「文藝春秋」編集部等を経て、ニュースサイト「文春オンライン」、食の通販「文春マルシェ」を立ち上げる。『東京いい店うまい店』編集長も務める。2018年美食倶楽部「日本ガストロノミー協会」を設立したほか、「OCA TOKYO」ボードメンバー、食べログググルメ著名人、とやまふるさと大使なども務める。J.S.A 認定ワインエキスパート。

「フーディー」が日本《にほん》を再生《さいせい》する！

ニッポン美食立国論《びしょくりっこくろん》 時代《じだい》はガストロノミーツーリズム

2023年 5月24日　第1刷発行
2023年 6月 9 日　第2刷発行

著者	柏原光太郎《かしわばらこうたろう》
発行者	寺田俊治
発行所	株式会社 日刊現代
	〒104-8007 東京都中央区新川1-3-17 新川三幸ビル
	電話 03-5244-9620
発売所	株式会社 講談社
	〒112-8001　東京都文京区音羽2-12-21
	電話 03-5395-3606
編集担当	中田雅久
表紙／本文デザイン	伊丹弘司
校正	宮崎守正
DTP	株式会社キャップス
印刷所／製本所	中央精版印刷株式会社

ISBN978-4-06-532341-0